ちくま新書

教養としての大学受験国語

石原千秋
Ishihara Chiaki

253

教養としての大学受験国語【目次】

はじめに

この本は、大学受験国語の参考書の形をとった教養書である。あるいは、教養書の形をとった大学受験国語の参考書である。いずれにせよ、大学へはこれだけのことは身につけて入学してほしいという僕の願いが書かせた本だ。だから、大学生になっても読んでほしい。それから、僕の考える教養は、すでに社会人になっている人にもきっと役立つだろうと思う。

教養という言葉は、いろいろな意味に使われる。「教養がない」と言えば、たいていの場合「ものを知らない」ことを意味する。つまり、知識のことだ。しかし、時と場合によっては、ある階層が身につけていなければならないハビトゥス（慣習）を意味することもある。コンサートホールや高級レストランでおどおどしているのも「教養がない」のである。つまり、ハビトゥスとはある階層が持っている文化の型のことなのである。

僕はこの本で、教養という言葉にもう少し違った定義を与えたいと思う。それは、**思考の方法**ということだ。もちろん、受験生諸君には多くのことを知っておいてほしいし、上品なハビトゥスを身につけておいてもほしい。だが、それはこの本一冊でできることではない。これまでの生き方に関わることだからだ。この小さな本でできることは、ある文章を読むときの距離の取り方を学ぶこと、ただそれだけである。それを、思考の方法、すなわち教養と呼んでおきたい。では、いまなぜ大学受験国語にそれが必要なのか。この本では、分量の問題もあって評論だけを扱うことにしたが、そのことも含めて、少し遠回りをしながら説明しよう。

僕が大学受験をした昭和四十九年から五十年頃には、後に大学で僕自身の恩師の一人となる高田瑞穂先生の『新釈 現代文』(新塔社)という本が、大学受験国語参考書の定番だった。この本は昭和三十四年に出版され、その後二十年以上も定番であり続けた。実際、ほとんど勉強していなかった僕を、たった二週間の受験勉強で大学に合格させた優れものである。

この『新釈 現代文』は二百ページにも満たない小さな本で、「たった一つのこと」しか説かれていない。それは、文章を正確に「追跡」すること、それだけだ。この限りなくシンプルな方法は、おそらく「現代文」を読めば自然に「近代的自我」という思想が身につくという確信によって裏打ちされていた。

高田先生は、「近代」の精神を人間主義と合理主義と人格主義という言葉で語っている。「近代的自我」とはこの三つの精神を内面化した「自我」のことだと言うのである。戦後の日本人にとって、「近代」はまだ未来の思想だった。だから、当時の「現代文」とは「近代」という思想の表明に他ならなかったのだ。だが、いまは違う。

高田先生も書いている。「この近代精神——中世のものの考え方とはっきりちがった新しい精神は、まずヨーロッパに起り、次第に全世界に波及して、あらゆる国、あらゆる民族に、近代という新しい時期の到来を告げたのでした」と。「近代」が、ある地域に生まれた一つの思想であって、また歴史的な過程でもあることがはっきり見えていたのだ。

これは、僕たちの「近代」に対する視線と重なってくる。少し以前に、ソ連の崩壊を受けて、**「歴史の終わり」**などと言われたりしたのも、そうした視線の現れである。「歴史」を思想どうしの闘争の過程と捉えるなら、自由主義陣営の勝利という形で世界中が「近代化」されたことは、世界が「近代」という一つの思想に飲み込まれてもう思想どうしの闘争がなくなったという意味で、「歴史の終わり」だと言うのである。あるいは、「近代」とは、世界中で「ヨーロッパ」だけが「主体」になり、他の地域は「ヨーロッパ」に「発見」される「客体」になることだという指摘も、同じ視線を共有している。この場合、いまたまたま世界を覆っている**「近代」とは、「ヨーロッパ」というある限定された地域で作り出された思想**にすぎないと言っていることになる。

いま「ポストモダン」の現代に生きる僕たちにとって、「近代」がすでに過去の思想になりつつあることは紛れもない事実だ。まだ「近代」に取って代わる新しい大きな物語ははっきりと顔を見せていないが、「近代」の呪縛から解き放たれつつあるいま、僕たちの前には多様な思想が現れ始めた。あるいは、これまで理想だと思っていた「近代」が、一つの思想にすぎなかったことがわかり始めたのだと言ってもいい。

資本主義も社会主義も一つの思想にすぎない。そう思えるような現代に生きる僕たちは、その中のたった一つの思想に殉じて、何も人生を貧しくする必要はないではないか。もちろん、信じることも大切だ。でも、その後に常に「でもね……」と言えるだけの距離がほしい。現代は、実にたくさんの思想のメニューがそろっている時代だ。現代は人がたった一つの思想に縛られる時代ではなく、多様な思想の中から、自分の思想を選び取る時代になるのかもしれない。僕はそれはニヒリズムではないと思う。選択、なのだ。

これは、僕自身が思想一般を信じていないところからくる考え方なのかもしれない。このことは、最近あるところで「文学と文化記号」という講演をしたときに、僕の軽快なしゃべりを聞いた友人に「石原さんて、何にも信じていないでしょう」と言われて、はっきりと自覚したことだ。でも、くりかえすが、たった一つの思想にしがみつかなければならないほど、人生は貧しいものではないと思うのだ。

ここで、多くの受験生諸君は言うだろう。「そんな心配はいりません。私たちだって何も信じていませんから」と。ちょっと待ってほしい。それは信じていないのではなくて、たんに**自分が何を信じているのかを知らない**だけではないのか。もちろん、受験生諸君にさまざまな思想をきちんと理解することは求めてはいない。しかし、それを理解する準備はしておいてほしいということなのだ。それこそが、受験勉強というものではないだろうか。

ただし、現在の大学受験の現代文は、明らかに高校国語とはかけ離れたレベルにある。高校国語のレベルに比べて、大学受験の現代文が難しすぎるのだ。高校国語のレベル設定の低下は、教育が大衆化する時代の要請でもあったからやむを得ない点もあったが、やさしくしさえすればいいと考える文部省にも責任がある。今度の学習指導要領の改訂では、さらにやさしくする方針だ。

一方、入試で現代文を出題する大学教員の多くも、高校国語のレベルを知らなさすぎる。『国語I・II』を出題範囲としながら、近代以降の文章を旧仮名遣いで出題するなどは、その端的な現れだろう。改めて確認するまでもなく、旧仮名遣いの現代文の収録が許されるのは、詩を唯一の例外として、『現代文』のみである。困ったことに、僕も含めて、大学教員の多くは世間知らずの傾向があるのだ。また、（自戒の念を込めて言えば）設問が作りやすいというだけの理由で、ただ漫然とひどい悪文や一般性のない文章を選んでいるとしか思えない大学も少なくない。

そこで、どういうことが起こるのか。大学受験国語に固有の解法のテクニックが生み出されることになるのである。なかには、有坂誠人『現代文速解・例の方法』（学習研究社、PART2も含めて全二冊）のように、選択肢だけから「正解」を選ぶ方法を説く参考書まである。この本は、受験生にはもうお馴染みだろうけれども（僕もこの本を読んで、裏をかくようにしている）、予備校も、大学ごとの選択肢の癖を教えているのだ。これは極端な例だが、こういう本が出る必然性はあったのである。

最近出たもので、僕が良心的だと思ったのは、辻本浩三『評論文ガッチリ読破術（MD BOOKS）』（朝日出版社）と森永茂『基礎強化 入試現代文』（学習研究社）である。両者ともに、文章の素直な読解法や設問の解き方はみごとだと思うし、僕がこの本でやろうとしているテーマ別の構成がとられている点でも注目に値する。とくに、後者の文化論の解説には、「下位〜中堅大」では西洋文化と日本文化を対比的に論じるやや古風な「比較文化論」がいまでも多くて、「中堅〜難関大」では『情報化社会』の中で消えていく『近代』を論じる「現代文化論」が主流だ、などという恐ろしいことまで書かれていて、まったくビックリしてしまった。受験国語の質（難易度ではない）にはその大学のレベル（偏差値によるものではない）が反映されるというのが僕の持論だが、「ここまではっきり言われるとは！」と思ったのである。

ついでに言えば、Mini Dictionaryシリーズの国語辞典『現代文・小論文』（朝日出版社）も、現代思想のキーワード、基本テーマがみごとに解説されているすばらしい本である。受験生はもとより、大学生にもぜひ持ってもらいたい本だ（来年から、『東京ブックマップ』とともに、新入生に買ってもらうことにしよう）。

この三冊は、受験生必携といったところだろうか。僕も、大学受験国語はこの三冊に任せて、静かな研究生活に戻りたいところだ。だが、それでも僕がいま慣れないパソコンのキーボードを叩き続けているのは、この三冊とは違うことをやろうとしているからに他ならない。先の辞典で受験に必要な言葉を確認し、『ガッチリ』や『基礎強化』で「読解術」を「強化」しても、僕にはまだ大学の新入生としては不足なのだ。では、僕が身につけてほしいものとは何か。それが文章との距離の取り方なのだ。それは、高校国語と大学受験国語とのギャップを埋める方法でもある。

ふつう、受験国語の現代文の読解では、批評意識を持つことは許されていない。その文章で語られていることが、あたかも絶対に「正しい」かのように読解することが求められている。あるいは、読解の向こうにたった一つの「真実」があるかのように。だが、この本の読者には、批評意識を持ってもらいたいのである。

では、それを実践するためにはどうすればよいのか。それは、現代文を信じすぎないことだ。そこに書いてあるのは、一つの思想にすぎないからだ。では、どうすれば現代文を信じすぎないですむのか。それは、現代文に対して自意識を持つことだ。自意識を持つということは、ある文章を読解しながら、もう一方でその文章を相対化することである。では、どうすればそのような自意識を持てるのか。**思考のための座標軸**を持つことだ。そして、その座標軸の中に文章を位置づけることだ。僕は、それを思考の方法と呼ぶ。

例を挙げて説明しよう。たとえば、「自己」ということについて考えるとしよう。そのとき、まずしなければならないのは、「自己」とは反対の概念を思い浮かべることである。それは「他者」だ。すると、「自己」という概念は、この「他者」という概念との関係の中で考えればいいことになる。こういう方法を、**二項対立**とか**二元論**と呼ぶ。

両極端を考えてみよう。一つの極には、「自己とはかけがえのない個別なもの」という考えが来る。この考え方はわかりやすい。もう一つの極には、「自己とは他者である」という考えが来る。この考え方はわかりづらい。これは、「自己」の価値観や世界観や人生観や、いや、感じ方までもを「他者」から学んだことだとする考え方である。そして、この二つの考え方の中間には、「自己とは他者との関係によって成り立つもの」という考え方が来るだろう。

これで、**「自己」をめぐる座標軸**はできたことになる。自分の「自己」についての考えは、この座標軸の中のどこに位置するのか。また、いま読んでいる文章の言っている「自己」は、この座標軸のどこに位置するのか。そういう位置づけができることが、僕の言う思考の方法なのである。そして、**この座標軸をできるだけたくさん持つこと、**それが僕がこの本で言う「教養」だ。その意味で、**教養とは知の遠近法のことだ**と言ってもいい。これ一つしかないというのは、知的ではない。

こういう教養は大学受験国語を解くのに大きな威力を発揮するだろう。この教養は、大学受験国語読解法そのものでもあるからだ。現実問題としても、現在、大学受験国語に出題される現代文の多くは「近代」を問い直すテーマを持った文章なのだが、それらには、まだ十分には顔を見せていない未来形の思想が語られている。未来形の思想を理解するためにこそ、思考の方法、つまり、新しい思想を位置づける遠近法を身につけておくことが求められている。

教養とは、世代と世代とをつなぎ、人と人とをつなぐ「ことば」でもある。「あなた」はいまどこにいて、「わたし」はいまどこにいるのかを知ることから対話が始まるからだ。大学という空間で、対話を続けながら何かを学びたいと望むなら、こういう教養をぜひとも身につけておいてほしい。そして、自分を相対化できるという意味において、この教養は社会人になってからもぜひ必要なものに違いないと思うのだ。

もちろん、こういう**二項対立を使った思考の方法自体が実に「近代」的**であることはよく承知している。現代の思想は、こういう思考の方法それ自体を相対化しようとしている。しかし、僕たちはまずこういう思考の方法を身につけなければ、自分の思想の位置さえ知ることはできないのだ。

それに、「近代」を問い直す文章自体が、二項対立のレトリックを用いずには成立しないのだ。〈前近代／近代〉とか〈近代／現代（あるいはポストモダン）〉といった二項対立はよく見かけるレトリックだ。独善的にならずに、関係の中でものを考えようとするなら、どこかで二項対立を用いるしかないのである。その意味で、**二項対立は思考の基本**である。それを壊す作業は、大学が行なうだろう。教養という「ことば」を通して、対話を続けながら――。

さて、収録した問題文は、さながら現代思想のすぐれたアンソロジーのような様相を呈することになった。この本では、それらをテーマ別に解説することになる。「自己」「身体」「大衆」といったテーマが、現代ではどういう思考の幅の中で、どういう語り口によって語られているのかを知っておいてほしいからである。問題文の読み取り方や設問の答え方に関する技術を身につけることも大切だが、テーマごとの語られ方を知っておくことは、問題文との距離を取るためにぜひ必要なことなのだ。くりかえすが、それこそが大学生になるための準備に他ならない。

各章には、手に入れやすくて、受験生諸君にも読みやすい参考文献を、それぞれ三冊程度挙げておいた。もう一歩先に進んでみたい人が一人でも多く現れることを期待している。

なお、漢字に関する設問は省略し、中には設問の順序を入れ換えたりしたものもある。また、僕の文章の中で〈 〉でくくった部分は、問題文を僕の言葉で説明し直したところである。

では、大学受験国語の勉強を始めよう。

序章

たった一つの方法

中学校までの国語には説明文というジャンルがある。とくに明確な主張を持たずに、ただ事実を説明するだけの文章である。もちろん、厳密に言えば、何の主張も込めずに事実を説明することなどできはしないのだが、少なくとも事実の説明に徹しているように見せる文体というものはある。それが、説明文である。

大学受験国語の評論にも、説明文がときおり出る。しかし、少数である。はっきりした主張を持つ文章が出題されるのが普通である。ところが、自分の主張をはっきり述べるための語り方はそんなに多くはない。いや、ごく限られていると言ったほうがいいかもしれない。だから、大学受験国語からは大学受験国語に特有の語り口を取り出すことができるのだ。そして、この語り口は、何かを主張しようとする文章には必ず求められるものでもある。大学受験国語が「教養」になり得るのはそのためだ。

大学受験国語の評論の語り口は二つしかない。一つは現実を肯定的に受け容れる語り口、もう一つは現実を批判的に捉える語り口、この二つだけである。大学受験国語（以降、本書では「大学受験国語」を「評論」の意味として使う）では、いやそもそもマスコミやジャーナリズムでは、後者、つまり**現実批判の批評が圧倒的に多い**ことは読者もご存じだろう。現実肯定の評論は保守的というレッテルが貼られることになる。現実に対する批判がなければ評論とは感じられないほどである。少し意地悪な言い方をすれば、評論とは現実にはできもしない理想を掲げて現実を批判する文章のことだ、と言える。それが、現実を変えようとする評論の仕事でもあるのだから、当然といえば当然のことかもしれない。

そこで、こういうことがよく起る。まず現実を批判的に捉えることで現実を変えようとする進歩的な評論が書かれ、次にその進歩的な評論を批判する保守的な評論が書かれる、という具合である。そもそも保守的な評論を書く人は現実に満足しているわけだから、実際に現実批判の評論が書かれたり、そういう評論が書かれることが予想されない限り、声を上げる必要がないのである。

もちろん、現実を批判的に捉える場合に、現実を昔に戻そう、昔に帰ろうとする批判のしかたもある。これはウルトラ保守と言える。大学受験国語にはそれほど見られないタイプだが、エッセイにはこの手のものが少なくない。「子供の頃のあの懐かしい風景が、いまの日本には失われてしまった」とか、「昔の街並みは美しかったが、いまの都会は混沌としていて汚い」とか、そんな語り口のことだ。あるいは、「自然に帰ろう」というメッセージの形をとることも多い。この「自然」がたんに昔のことしか指していないなら、ウルトラ保守のヴァリエーションだと考えていい。大学はノスタルジーのために存在するものではないから、こういう語り口の評論やエッセイを好んで出題する大学は少し警戒したほうがいい。

とくに「今時の若者は……」といった語り口には注意したほうがいい。たんに「昔はよかった」と言っているだけならまだいいほうで、なかには「自分はこういうふうに育ったから、いまはこんなに偉いのだ」と自慢しているだけの文章も少なくなくて、実に鼻持ちならない。それに、たまたま「神戸の十四歳」がしでかしたような残酷な事件が起きると、「暴走する少年たち！」などと言って煽り立てるマスコミの無責任さも度《ど》し難《がた》いものがある。事実としては、少年の凶悪犯はこの三、四十年ほどの間に数分の一に減少しているのだ。ただし、凶悪な犯罪を犯す少年たちに質的な変化が見られることには、きちんと注意を向けたほうがいいようだが——。

それにオウムの事件が重なって、今度の教育改革である。「生きる力」とやらをつけるのが先決とかで、小学校から高校までの教育内容が三割も削られるのである。受験戦争などと言うが、この二、三十年の間に子供の勉強時間が減少してきていることは、すでに周知の事実なのだ。「大学生の学力低下」も当然だろう。いまや二人に一人近くの割合で大学に進学する時代である。大学生がエリート意識を持つはずもないし、実際もうエリートではない。だからこそ、思考の方法を身につけていってほしいのだ。思考の方法に無自覚だと、多くの場合知らず知らずのうちに保守的な立場をとってしまうものなのである。

話が少し横道にそれた。元に戻そう。

以上のような事情をまとめると、こうなる。（A）**現実を肯定的に受け容れる保守的な評論**が一種。現実を批判的にとらえる評論に、（B）**未来形の理想を掲げる進歩的な評論**と、（C）**過去**

形の思想を掲げるウルトラ保守の評論の二種、ということになる。くりかえすが、大学受験国語に多く見られるのは(B)の評論である。

これは、事態を暴力的なまでに単純化した理解のしかただが、大学受験国語では常に頭に置いておかなければならないことだ。なぜなら、進歩的な評論においては現実が踏まえられ、保守的な評論においてはその進歩的な評論が踏まえられていることが多いということになるので、評論を読解するときには、その評論が何を踏まえているのかがわからなければ十分に理解できないことになるからである。そのためには、その評論が進歩的なのか保守的なのかを見抜かなければならない。思考の遠近法が必要とされるゆえんだ。

具体例を挙げて考えてみよう。フェミニズム批評の標的の一つに「主婦」という制度がある。「主婦」とは、女性を家庭に閉じこめ、男性に従わせるためのあこぎな罠だというわけだ。この批評の大元《おおもと》のところには、多くの女性が、結婚か出産をしたら仕事を辞めなければならないという日本社会の現実がある。それを、男女の平等という未来形の理想に向けて変えようというのだから、フェミニズム批評は進歩的だと言っていい。そして、現実にフェミニズム批評の主張が認められつつある。社会も変わりつつあるわけだ。

そこで、保守派の登場だ。保守派は、フェミニズム批評の主張を、たとえばこんなふうに批判する。「主婦を貶《おとし》めてはいけない。主婦は自ら誇りを持って主婦であることを選んでいるのであって、押しつけられて主婦になっているのではない」と。こういう評論は、現実を肯定し、変革を嫌い、そして何よりも進歩派の批評を批判的に踏まえている点において、いかにも保守的なのだ。

こういう保守派への再批判は簡単だ。こう言えばいい。「もちろん、個々にはそういう主婦も多くいるだろう。しかし、問題は、日本の社会制度において、女性が働き続けることと主婦になることとが、まったく同じように自由に選べるようになってはいないところにある」と。これは、自由に選択できる条件があるなら「主婦」を認めてもいいという考え方である。そこで、「そもそも、主婦という制度そのものが、近代社会が女性から労働力を搾取する構造の中にある」と言うこともできる。これは、男女平等の立場から、いかなる条件でも「主婦」という存在形態自体を認めない考え方である。このリストラの時代、夫の終身雇用を前提とした「主婦」はもはや「ぜいたく」な存在でしかないと説く人もいる（山田昌弘『家族のリストラクチュアリング』新曜社、一九九九年）。

というわけで、現在「主婦」を認めるか否かは、保守派であるか進歩派であるかを見分ける試金石になりつつある。だが、「主婦」は近代日本でも大正期までは「進歩」の象徴だったし、戦後も高度成長期までは女性にとって憧れの地位だったのである。つまり、ほんの少し前まで、「主婦」は近代にとって未来形の理想だったのだ。ところが、いまは「保守」の象徴となっている。何が進歩的で何が保守的かは、時代によって変わる。「社会も変わりつつある」とはこういうことだ。この点について、「近代」に対するわれわれの態度の変化を例に挙げながら考えてみよう。

現在、僕たちは「近代」的システムの中で暮らしているが、日本が「近代」というシステムをそれなりに完成させたのは、一九六〇年前後から一九七三年のオイルショックまで続いた高度経済成長期においてだろう。敗戦後の日本にとって、「近代」は夢そのものであった。その一方、この高度経済成長期は、公害問題が「近代」の宿命としてはっきりと浮かび上がってきた時期でもあった。この公害問題を一つのきっかけとして、「近代」の問い直しが始まるのである。そこで、これも単純化して言えば、戦後日本においては、**高度経済成長期までは「近代」を支持する評論が進歩的であったのに対して、高度経済成長期以後は「近代」を批判する評論が進歩的になった**のである。現在の評論のあり方は、「近代」批判の延長線上にある。

そして、現在、どうやら「近代」的システムは終わりを迎えつつあるらしいということがわかってきた。「近代」というシステムの抱える問題もよりはっきりと見えるようになってきた。それにともなって、「近代」批判の批評も実にさまざまな側面から「近代」を捉え直すことができるようになった。それが、現在の評論である。

現在、進歩派、保守派を問わず「近代」の再検討が現代思想の最優先課題になっている。だから、実をいうと保守派とか進歩派といったレッテル貼りはあまり生産的ではないのだが、大学受験国語ではそれなりに有効なのである。それに、進歩派の多い大学受験国語の向こう側に分厚い保守派の世界観があることを知っておくことは、決して無駄なことではない。

また、進歩派による「近代」批判の急先鋒はフェミニズム批評だが、あまりに急先鋒すぎて、この点に関しては保守的な傾向にある「国語」教科書や大学受験国語にはほとんど採用されていない。この状況が変わるのには、あと十年ぐらいはかかるだろう。そういうわけで、残念だけれど、この本では扱わない。

次に、以上のような大学受験国語の組み立てられ方を見ておこう。

進歩的評論であろうと保守的評論であろうと、はっきりと自分の主張を述べる方法は一つしかない。二元論（二項対立）を使うことである。キリスト教文化圏から始まった「近代」では、「善」と「悪」とを対比的に捉えるような二元論的思考を思考と呼ぶ。つまり、二元論によらない思考は思考には見えないということだ。

こういう、どちらかの主張が認められればもう一方の主張が退けられるような二項対立的な思考方法それ自体に疑問を投げかける立場も、もちろんある。排除の力学に対する批判である。「どちらか」ではなく、「どちらも」を大切にしようというわけだ。しかし、前にも述べたように、大学受験国語では二項対立は絶対である。だから、身につけておく必要があるのだ。

二元論を身につけるためには、意味の対立する言葉の組み合わせを多く覚えておくといい。そうすれば、さまざまな評論が理解しやすくなる。以下に、二項対立の組み合わせの例を挙げておこう。二つの言葉の組み合わせにおいては、一般的には、上に挙げた言葉が現実を肯定的に表すのに用いられ、下に挙げた言葉が現実を批判的に表すのに用いられる。

〈善/悪〉〈中心/周縁〉〈内/外〉〈大人/子供〉〈心/物〉〈心/体〉〈精神/肉体〉〈社会/個人〉〈男/女〉〈都市/自然〉〈都市/田舎〉〈科学・技術・人工/自然〉〈文化(文明)/自然〉〈文明/野蛮〉〈生/死〉〈光/闇〉〈明/暗〉〈現実/夢〉〈この世/あの世〉〈自己/他者〉〈共同体/個人〉〈理性/野生〉〈意識/無意識〉などなど……

そこで、この二項対立を用いた評論の型が、次のように二つできることになる。

1　上の言葉に価値をおく評論(保守的な評論)

2　下の言葉に価値をおく評論(進歩的な評論)

下の言葉が現実を批判的に捉えるのに用いられるということは、大学受験国語では下の言葉がテーマや結論になった文章が圧倒的に多いということだ。高学校歴キャリアが多い大学の教員は、「進歩的知識人」が好きなのである。だから、大学の教員には、『朝日新聞』や岩波書店の出版物に憧れている人が少なくない。『朝日新聞』からの出題が多いのもそのためだ(もっとも、これは出題者が新聞以外にまともな読書をしていないからではないかという噂もあるが……)。

たとえば、保守的な評論では、「子供は理性的な大人に成長すべきである」というようなことを主張するのに対して、進歩的な評論では、「子供には大人が失ってしまった自然というすばらしい可能性がある」というようなことを主張することになる(こういう具合に、評論をたった一文で要約する練習をぜひくりかえしてほしい。この本では、こういう文を「主題文」と呼んでおくことにする)。

評論の文面に、キーワードと対立するもう一つの言葉が実際に出てこなくても、論の展開上対立する言葉を踏まえていることは多いし、対立する言葉を想定して読むと、その主張がくっきりと際だつことも多い。また、この本の「はじめに」で「自己」という概念を例に挙げて述べたように、その文章の主張が二項対立のどこに位置するのかを見極めることは、評論を主体的に読むためにはぜひ必要なことなのだ。そのことで、評論との距離が持てるからである。そして何よりも、こういう単純な見取り図が、評論の理解を早める。このような二項対立の言葉を増やしていくことが「教養」を身につけることなのである。

もちろん、目の前の評論文がこれらの言葉ではまとめられないケースはいくらでも出てくる。そのときには、この方法を応用すればいい。先の「主婦」の例なら、「主婦を認めない」から「主婦を認める」までの両極をまず考え、その中間に「条件付きで主婦を認める」という考えをおいてみればいいのだ。目の前の評論はどの位置にあるのか、そして、自分はどの位置にいるのか。

自分の立場と評論文との距離を取ってみることは、はじめは僕たちを迷わせるだろう。思考の幅が拡がるということは、選べる選択肢が増えることなのだから。また、ときには、自分の立場の偏りに気づくこともあるだろう。自分の考えに修正を加える必要を感じるときも出てくるだろう。しかし、そうしたプロセスを経て、他者の考えをより深く理解することができ、また自分の立場を明確に自覚することができるようにもなるのだ。この手続きを省略してはいけない。それが、主体的な思考というもののあり方だからだ。

このように、二元論で読むこと――それが、この本で採用するたった一つの方法である。

第一章では二元論が成立した「近代」そのものについて考えてみよう。

第一章

世界を覆うシステム

——近代

一九九九年秋、日本の首相は小渕恵三という男が務めていた。マスコミの報道によると、夏の自民党総裁選で圧勝してからというもの、この人も「自信」がついてやや暴走気味だったらしいが、それまでは自分の意見などまるでないかのようで、政権維持のためなら人の言うことは何でものむ「真空総理」などと呼ばれていた。

野中官房長官との対立を取りざたされたことについても、小渕元総理自身、六月十七日にはこう発言していたという。「おれは真空総理だから対立することはないんだ。無なんだ。空なんだ。ボクがAで官房長官がBなら対立もあるが、Aがないんだ」(『朝日新聞』八月十四日朝刊)。小渕恵三は、日本の歴代の総理の中で、二項対立という思考についておそらく最も深く考えをめぐらした総理に違いない。あるいは、東洋的な「無」や「空」の境地に最も近づいた総理かもしれない……。

そうなのだ。自分の意見がまったくない人間にとっては、二項対立の思考は生じようもないのだ。小渕元総理がプレモダン(前近代)的人物かポストモダン(近代以後)的人物かは知らない。だが、僕たちは間違いなく「モダン」(近代)という**「個人」という思想に取り憑かれた時代**に生きている。この時代では、自分の意見を持つことはほとんど生きることと同じ意味を持ちさえする。自己責任ということも、自分の意見を持つところから生まれてくる。

問題は、その「自分の意見」が実は「時代の意見」でもあることに気づくことが難しい点にある。僕たちは、知らず知らずのうちに、「時代の意見」を「自分の意見」と思い込んでいることが多いのだ。「時代の意見」に同調することが悪いと言いたいのではない。「知らず知らずのうちに」そうなっていることが恐ろしいと言いたいのだ。そこには、主体的な選択もないし、そしておそらく反省もないだろうから——。

こんなふうに小渕元総理の没主体性を批判してみたが、実はこうした「個人」の責任を基本とする考え方自体、「**主体の消滅**」を**説くポストモダン的思考**から見ると、救いがたいくらいに「近代」そのものだと言える。「個人」という実体などは意味を持たず、他との違い、つまり**差異のみが意味を持つ**と考えるポストモダンの議論からすれば、明らかに時代遅れでもある。皮肉まじりに言えば、自己責任のとりようもない小渕元総理は、ポストモダン総理だったのかもしれないのだ。

だが、ポストモダンに組みするのはもう少し待とう。ポストモダン的思考に驚くためには、まず「モダン」をよく知っておかなければならない。そこで、最初の問題は「近代」の中心的な思想である合理主義について、ということになる。最も大切な章なので、解説も丁寧にいこう。

【過去問①】抑圧する近代合理主義

左の文章を読んで後の設問に答えよ。

近代社会の基本原理は「合理主義」、あるいは「合理化」にあるということは、[*]マックス・ウェーバーの指摘をまつまでもなく、明らかなことであるが、なおこれに関して二つの点が指摘されねばならない。一つは「近代合理主義」の精神がすぐれて西欧的なものであったとしても、「合理主義」ということばを広く解釈すれば、それは十六、七世紀以降の世界全体を通ずる大きな傾向であって、西欧のみが、無知と蒙昧《もうまい》の暗夜のなかにただ一つ光り輝く世界であったわけではないということである。神秘主義、直観主義、感性主義、あるいはやみくもな行動主義に対立するものとして、理性と悟性の尊重、人間の行動と社会の組織における論理と計画の重視等々を意味するものとして、「合理主義」という概念を理解すれば、それは西欧のみならず、近代において栄えた世界各国においても共通に見られたものであるといってもよい。宗教と魔術からの解放を意味する「世俗化と脱呪術化」ということは、近代社会の基本的特徴であるといわれるが、その限りでは、それは西欧社会にのみとどまる現象ではない。

たとえばわが国の江戸時代は、世俗化と脱呪術化の著しく進んだ時代であったということができる。キリシタン弾圧後、江戸時代において宗教は、完全に宗教としての力を失ってしまったということは、ほとんど異論のないところである。もちろん迷信や、宗教的慣習は残っていたけれども、江戸時代の支配階級である武士はほとんど宗教に依存するところがなかったし、またその支配イデオロギーである朱子学は、それなりに一貫した合理的な世界観に基礎づけられていたのである。江戸時代に、実験的自然科学はともかくとして、人文科学や数学の面で大きな進歩が見られたことは偶然ではない。

また中国の清帝国は十七世紀半ばより十八世紀末まで、康熙・雍正・乾隆三帝の時代を通じて空前の繁栄を誇ったが、その社会の精神も、世俗的かつ合理主義的なものであった。科挙にもとづく官僚制は、システムとして完成の域に達し、ヨーロッパ諸国は文官任用試験の制度を中国から輸入したのである。清代の代表的な学問である考証学は、合理主義と批判的精神に貫かれていた。

したがって「合理主義」ということは、広い意味では、近代のいわば世界精神であったのであって、それは宗教的信仰が、七・八世紀から十五世紀ころまでの中世の世界精神であったのに対応しているのである。それゆえ、近代西欧社会の「合理主義」精神に対して、それ以外のすべての社会を支配しているものが、すべて「伝統主義、呪術主義」であるかのように説く一部の人々の議論は基本的に受け入れ難い。「暗黒の中世」という観念が誤りであることは、最近しばしば強調されているが、それと同じ意味で[1]「無知と蒙昧の非西欧」という観念も訂正されねばならない。

しかしながら、第二に近代西欧社会が、決定的ないくつかの点で、非西欧社会、あるいは前近代社会と異なっていることは事実であり、そのことはいくら強調しても強調しすぎるということはない。それは産業資本主義の発展、民主主義的な市民社会の確立、自然科学とそれにもとづく技術の発達である。そうしてそれによって近代西欧社会は、史上かつてないエネルギーを噴出させ、世界を、たんに力によってだけでなく、思想的・文化的にも支配するようになったのである。そういう意味で近代は、「西欧の時代」であった。そうしてこのような近代西欧社会を支えたものが、[2]合理主義一般とは区別されたものとしての「近代合理主義」であった。[3]「近代合理主義」の特徴は、一つにはその能動的、積極的、徹底的性格にある。すなわちそれは、宇宙の体系的理解、人間社会の組織化、人間による自然の征服において、論理的首尾一貫性をあくまでも押し通そうとするものである。合理主義的態度一般のなかには、理性の尊重とともに、その限界も容認し、「世の中には理屈に合わないこともある」ことを受け容れようとする面もふくまれている。しかし「近代合理主義」は、そのような理性の限界を容認しない。もし「理論に合わない」現実が存在するとすれば、それはより高次の理論によって説明されねばならない。人間社会の「不合理」や、自然の人間に対する「不条理」は正されねばならないというのが、近代合理主義の姿勢であり、そういう意味で、それは戦闘的合理主義であるということができる。

　このような態度は、必ずしもつねに真に「合理的」な結果を生むとは限らない。理論に合わない現実は、「まちがったもの」として無視され、「あり得ないこと」として、その存在が否定されるということになりがちである。また人間や自然に対する行動を、早まって過度に「合理化」することは、予期しない失敗と、損害とをもたらす危険性も少なくない。

　しかしながら、このような近代合理主義の徹底性が、普遍的な真理追求への情熱、そうしてその具体的な表現としていつどこでも適用できるものとしての形式的な法則確立への努力、そうしてその応用として、人間社会と、経済および技術の、形式的ルールによる組織化を生み出したのである。それが西欧の世界支配をもたらした強大な力を作り出したことはいうまでもない。

（竹内啓の文章による）

（注）＊マックス・ウェーバー――ドイツの社会学者（一八六四―一九二〇）。

問A　――線(1)の部分について。ここで言われている「無知と蒙昧」の説明として最も適当なもの一つを、左記各項の中から選び、番号で答えよ。

1　自己犠牲の精神にとらわれていること
2　迷信や偏狭な信仰にとらわれていること

3　経験知を無視すること
4　伝統を重んずる民族主義に支配されていること
5　世俗的なものにとらわれていること

問B　――線(2)の部分について。ここで言われている「近代合理主義」の説明として最も適当なもの一つを、左記各項の中から選び、番号で答えよ。

1　論理と計画を重視すること
2　直観主義・神秘主義・呪術主義を否定すること
3　社会のルール化により規律を一元化すること
4　不合理・不条理なものを認めないこと
5　理性と悟性を尊重すること

問C　――線(3)の部分について。このことによる負の側面は何か。本文に即して、句読点とも二十字以上三十字以内で記せ。

問D　近代合理主義の帰結として成立し、思想や文化に至るまで西欧の世界支配を可能とした制度や条件とは、具体的に何か。それを説明した一文を本文中から探し出し、その初めの五字と終りの五字とを記せ。ただし、句読点は含まない。

出題は立教大学経済学部（一九九九年度）。出典は竹内啓『近代合理主義の光と影』（新曜社、一九七九年）。「近代」というシステムについて、これほどシンプルかつ的確に説明した文章を、僕はほかに知らない。正直に告白すれば、この本は、この問題文がなければほとんど成り立たなかったと言っていいくらいだ。文章も設問も素直な良問である。ということは、実際の入試問題としてはかなりやさしい部類に属するが、最初の問題としては適切だろう。

この文章からわかることは、「近代」とは歴史上ある区切られた「時代」であると同時に、「近代合理主義」をその中心的な性質とするシステムだということだ。したがって、時代区分についてだけ言えば「十六、七世紀」以降ということになるが、「近代」というシステムに注目するなら、「十六、七世紀」以降のみを指すものではないことになる。試みにある辞書を引いてみると、「近代」について、次のように記述されている。「一般的にはルネサンスおよび宗教改革に始まり、絶対主義からフランス革命を経て現在に至る時代の総称として古代および中世と区別される」(『岩波 哲学・思想事典』岩波書店、一九九八年)。この項目を執筆しているのは、ドイツ思想史が専門の三島憲一である。

ルネサンスとは、ヨーロッパ史上十四世紀から十六世紀まで続いたいわゆる文芸復興と呼ばれる文芸の革新運動である。「近代」をシステムと考えるならば、「近代」はこの時期まで遡れることになるのだ。これは世界史の常識でもあるのだが、日本では明治維新以後を「近代」と呼ぶために、この感覚はわかりにくい。そこで、もう一人の意見も聞いておこう。

普通、私たちが「近代」と呼ぶ時代は、大体はフランス革命から現在までのおよそ二百年の歴史的経験をさしているようだ。しかしこの二百年を作り出すには、その前にまた二百年ぐらいの準備期があった。さらにその前に、ルネサンス時代があり、一般的にはそれは近代の曙のように言われている。（中略）助走期の一五／一六世紀、次に初期近代、つまり近代の枠組みが形成される時期としての一七／一八世紀、そして近代の確立期としての一九／二〇世紀、となる。西欧の近代とは、長い時間幅でいえば、およそ五百年、狭くとって四百年の経験をもっている。日本では、明治維新という政治改革からかぞえておよそ百三十年があり、江戸後期の準備期をいれて言えば、二百年または二百五十年ぐらいは広い意味での近代の経験をしていると言えよう。

（今村仁司『近代の思想構造』人文書院、一九九八年）

こうなると、何だかイモヅル式に「古代」まで「近代」の「準備期」ということになりそうだが、もちろんそうはならない。ルネサンス期を「近代の曙」というのは、たとえば、この文芸復興期の芸術家たちが、たとえ貴族のパトロンを持つお抱え芸術家という限定された条件であっても、その限定された条件の中で「芸術家」としての「自由」を手に入れられたからである。「自由」は「近代」の特徴の一つである。

日本においても、最近の江戸研究によって、江戸の後期には、限定された条件の下ではあるけれども、「近代」が成立していたと考えられるようになってきた。逆に言えば、明治維新以後にも「前近代」が見いだせるということだ。明治維新を区切りに「近世」と「近代」とにはっきり分けられるわけではない、というのが最近の研究動向である。

もっとも、古代文学の「万葉集」歌人である大伴家持の歌は「個人の悲しみが歌われているから近代的である」というようなことが言われたことがあったから、「近代」という性質のみを取り出すと無限定になってしまうおそれがある。そこで、「近代」という言葉を限定的に使うなら、**産業革命（イギリス）とフランス革命が起こった十八世紀を一応の区切り**としてもよさそうだ。産業革命は資本主義制を準備し、フランス革命は「自由」と「平等」という理念（イデオロギー）を用意した。それ以降が「近代」の「確立期」である。

「近代」というシステムについて考えると、僕たちがなぜ大学を目指すのかがよく見えてくる。次に引用するのは、生物学者池田清彦の文章である。

> 産業革命と市民革命をへて、国民国家へと変貌したヨーロッパ諸国は、これを支えるための新しいエリートを必要とした。アンシャン・レジーム（市民革命以前の旧体制）の時代は階級は固定され、職業も世襲に近かった。
>
> 市民革命の前までは、国家を運営する知識と技術は、貴族層だけのものであり、従ってそれを伝えるための教育もまた、貴族にだけ行えばよかったのである。

ところが、市民革命をへて、平民が国家を運営するはめになってみると、国家を運営する知識も技術もまったくもっていないことに気づかざるを得なかった。そのため国民国家に変貌したヨーロッパ諸国は、国家を運営するテクノクラート（政治・経済・科学等々に関する専門技術者）の養成をせざるを得ないことになる。（中略）

かくして、一九世紀になると、フランスのエコール・ポリテクニークに代表される、既存の大学とは少し異なる組織が作られていく。科学技術教育が制度化されたわけだ。もちろん制度化されたからといって、それがすぐに機能するとは限らない。一九世紀の科学や技術は、基本的にはまだ天才のものであった。ダーウィンのような純粋科学者はもとより、ベンツ、デュポン、エジソン等々の発明家もまた、このような新設の科学技術教育機関の出身者ではなかった。

しかし、二〇世紀になって科学技術の高度化・専門化が進むにつれ、個人の独学と創意のみによって、一流の科学者や技術者（発明家）になることは徐々に困難になってくる。さらに国民国家は国策として、科学技術の興隆に力を入れ、優秀な人材が高等教育機関に引き寄せられるようになってくる。

（『科学はどこまでいくのか』筑摩書房、一九九五年）

これは、「近代」になって、科学が「天才」の営みから「凡人」の営みに変わって行く理由を説明する文章の一節である。そのために現代の科学に対してややシニカルな書き方になっているのだが、なるほど、僕たちは「凡人」になるために大学を目指しているのだということがよく納得できる。**「近代」とは、「天才」を必要としないシステムを作りだした時代**なのである。悲しいことに、産業革命以後、「市民」であることと「天才」であることとは両立しないのだ。

さて、問題文に戻って、「近代」の性質をまとめておこう。その場合、一つだけ注意すべき言葉がある。「世俗化（的）」（十八、二十二、三十七行目）である。これは「世俗にまみれて」などというときの「世間のならわし」といった意味の「世俗」とは違って、社会学の専門用語である。この問題文にも出てくる社会学者のウェーバーが深めた言葉で、**「世俗化」とは、世界が宗教的価値観から離れること**を言う。「宗教と魔術からの解放」（十八行目）という言い方の前半、つまり「宗教からの解放」がそれである。「魔術からの解放」とは「脱呪術化」（十八〜十九行目）のことだが、この両方を含めて「世俗化」と言うこともある。キリスト教やイスラム教といった宗教が国家をつくる原理として機能していたのが「前近代」で、民主主義や社会主義といった政治思想（イデオロギー）がそれに取って代わったのが「近代」だ、と言われることもある。いずれにせよ、**「世俗化」とは「近代」を特徴づける言葉の一つ**で、大学受験国語にもときおり出るので覚えておくといい。

竹内の主張のポイントは、〈「合理主義」ならば同時代的に日本や中国など世界全体にもあったが、「近代合理主義」となると「非西欧社会」や「前近代社会」にはなく、たしかに「近代西欧社会」にしかなかった〉という点にある。全体として、〈合理主義＝近代＝西欧／非合理＝前近代＝非西欧〉という二項対立の図式に異議申し立てを行ない、〈合理主義＝世界全体／近代合理主義＝近代西欧〉という新たな二項対立の図式を提出している。

竹内は「合理主義」を「理性と悟性の尊重、人間の行動と社会の組織における論理と計画の重視等々を意味するもの」（十三〜十四行目）としている。一方、「近代合理主義」を「宇宙の体系的理解、人間社会の組織化、人間による自然の征服において、論理的首尾一貫性をあくまでも押し通そうとするもの」（七十〜七十二行目）としている。そして、「近代合理主義」は「産業資本主義の発展、民主主義的な市民社会の確立、自然科学とそれにもとづく技術の発達」（五十九〜六十一行目）をもたらしたと言う。

「合理主義」と「近代合理主義」との違いは、その「能動的、積極的、徹底的性格」（六十九行目）にあると言う。〈「近代合理主義」は、決して自己の限界を認めず、世界を「合理的」に説明し尽くそうとする〉のである（主題文）。ここには書いてないが、そのようにできるためには、情報網や鉄道網などの発達が不可欠だったことは言うまでもない。竹内の立場は、「近代合理主義」を支持しながらも、その排他的な性格に疑問を投げかけていると言えよう。だからこそ、出典の書名は『近代合理主義の光と影』だったのである。

ここまで押さえて、設問を解いてみよう。

問Aは、「世俗化」以前を聞いていて、やさしい。1、3、4が本文とは関係がないことはすぐにわかる。どうしてこうも本文と無関係な選択肢ができたのか、不思議なくらいである。引っかかりそうなのは5だけだが、これも「世俗化」の意味をきちんと知っていれば難なくクリヤーできる。「世俗的なものにとらわれていること」とは、「無知と蒙昧」の「前近代」ではなく、むしろ「近代」のほうだからである。この5は、受験生が「世俗化」の意味を知らないだろうことだけを頼みに作られた選択肢で、泣かせる。残るのは2だけで、十八～二十行目の記述と対応している。

問Bも、〈合理主義／近代合理主義〉という二項対立の図式がきちんと理解できていればやさしい。1、2、3、5はすべて「合理主義」のほうの説明である。「近代合理主義」の「徹底性」の説明になっているのは4だけである。

問Cは記述。八十四行目から九十一行目までの範囲に、「近代合理主義」が必ずしも最善の思想ではないという趣旨のことが書かれている。そこを踏まえて答えればいい。「理論に合わない現実は無視され、その存在が否定されがちな側面。」（三十字）ではどうだろう。こういうことを言う場合に、「**抑圧**」**という言葉を使えると便利**だ。たとえば、「理論に合わない現実が抑圧されがちな側面。」（二十字）などと書くと、ピシッとまとめられる。

問Dは、先にまとめておいた。「思想や文化に至るまで」という**設問の記述が重要なヒント**になっている。これを手がかりにすれば、本文に「そうしてそれによって近代西欧社会は、史上かつてないエネルギーを噴出させ、世界を、たんに力によってだけでなく、思想的・文化的にも支配するようになったのである」（六十一〜六十四行目）とあるのに気づく。「それによって」（六十一行目）の「それ」が指すものを答えればいい。正解は、「それは産業〜発達である」（五十九〜六十一行目）である。設問の「制度や条件とは、具体的に何か」のあたりが、この部分を答えさせるための苦心の表現で、これも泣かせる。入試問題では、**出題者の意図を読み解け**というのが鉄則である。

これで「近代」についての基本的な理解はできただろうか。次は、もう少しヘビーな文章を読んでみよう。国語の不得意な人は、はじめは飛ばしてもよい。

【過去問②】自然と共同体からの解放

次の文章を読んで、後の問に答えなさい。

歴史的時代経験としての近代は、雰囲気のようなものではなく、がっしりとした構築物のイメージで捉えるべきであろう。歴史的経験は、物のように手で触れたり、物質をぶつけてこわしたりすることはできないが、しかしやはり目に見えない仕組みをもち、そう簡単には解体できない堅固な構造をそなえていると言ってよい。どの時代もそうであったのだろうが、どの時代にもまして、近代という時代は、独自の運動法則をもっている、あるいはそれは自分で自分を再生産する能力を備えている。人間がつくったものでありながら、人間をエネルギーとして食いながら、あたかも生き物のように成長と衰退を反復しながら、そのつど脱皮して近代のなかに細分化した時期を作り出していく。たとえば、初期近代、確立期の近代といった時期区分を設定することができる。このような性質をもつ近代の構成要素を簡単に見ておきたい。

近代の中心的構造を考察するときに、抽象的であるが、次の三点を抑えておくと便利である。すなわち、第一に、自己との関係、第二に、他人との関係、第三に、人間と自然との関係、である。それぞれについて、およその概観を示しておきたい。

人は自己との関係を生きる。しかし、どの時代の人間も自分との関係を同じように生きるわけではない。時代によって、地域によって、また細かくいえばさまざまな文化伝統によって、またそのなかで、人は自己との関係を生きてきた。古代の人間、中世の人間、近代の人間では自分との関わりかたが違うだろう。また西欧の古代や中世とアジアの古代や中世とでは、人間と自己との関わりかたは相当に違うはずだ。そうだとすれば、近代にはA近代特有の自己との関わりかたがあるに違いない。それは何だろうか。ある意味では、自己との関わりの独自の性質が、個人の観点から見た近代の特質になると言えるだろう。

近代的な自己関係は、思想の営みの面では、近代自我論として展開されてきた。近代の自我は、しばしば精神の営みに即して近代的理性とも言われている。近代的自我または近代理性というものは、どんな特質を持っているのかという論点については、すでに長い研究の歴史があり、デカルトから現代哲学まで、あらゆる角度から探求されてきた。この種の自我研究はほぼ成熟段階に到達したとも言えよう。ここでは図式的な説明に留めておくが、圧縮していえば、近代の自我、その働きとしての理性は、認識や行為の原点、原理、根拠になっている。思考と実践のいっさいが自我から出発しており、観念的現象であれ、実践的現象であれ、あるいはさらに自然現象であれ、それらは例外なく自我の理性的認識によって構成される。人間の行為は、それがどのような種類のものであれ、［Ⅰ］から生まれる。社会的、政治的世界なども、原則的には自我の行為によって構成されるとみなされる。だから、近代人は、まずは自己に関係することなしには事実上は生きることはできない。たとえぼんやりしていても、近代人は実際には自己関係を最も大切な出発点にしている、少なくともそうした信念のもとで生きている。要するに、近代の自我は、「私は考える」、「私はできる」を確信し、それをすべての実践的ならびに精神的な行為の基準にして生きている。少なくとも、そのようなありかたが近代人の理想的規範になっている。近代の市民教育もまた、こうした近代的自我理想（理想的に思考し実践する人間）を目指して、子供を教育する。要するに、近代の自己との関係は、自己の内面で自己と対面し対話すること、つまり反省する人間のことである。「反省すること」をとくに強調するなら、それは理性（分析的理性）とよばれる。反省は、一方では客体を分析する認識行為になるし、他方では道徳的な反省にもなる。このように自我の内面性を極端にまで深めることこそ、近代人の使命であり、また理想にもなる。

人間は自己との関係を基礎にしながら、同時に他人とも関係する。この他人との関係を、ここでは「市民社会」と呼んでおきたい。ここでいう「社会」とは、交通（付き合い）と考えておくといい。独立した個人が、個人的利害関心を中心にして他人との交通、付き合いをするのが「社会」という他人との関係のありかたである。これと対照的な他人との関係は、「共同体」的交通である。歴史的に存在した共同体は無数にあるが、これらに共通する特徴は、個人的利害関心ではなくて集団の利益である。集団のなかに個人はいわば「埋もれて」いる。あるいは個人は、共同体から自立しては生きることができないし、また共同体の中に埋もれて生きるほうが価値的に高いともみなされてきた。ところが近代人は、こうした共同体的人間関係から離脱する、あるいはそれを解体して、別の人間関係を作る。歴史的に存在してきた種々の共同体の崩壊と再編をよびおこす理由はじつに多様であるが、ともかく結果だけを指摘するなら、社会的価値の基準が集団から個人のほうに移動したといえる。

近代の対他関係は、こうした個人のつくる市民社会であるとまずは言えるだろう。そしてこの市民社会は、第一に、市場経済を中心にする経済的市民社会（後に産業資本主義となる）、第二に、政治的市民社会（具体的には国民国家）である。市民社会は経済面でも政治面でも、近代人がつくりあげる社会関係は、近代以前の宗教的等々の対他関係とは異質の、B独特の人間関係を作り出した。そして経済的市民社会も政治的市民社会も、相互に深い連関を結びながらも、互いから相対的に独立したそれぞれに独自の領域を樹立し、その幅を広げていく。普通、社会科学が研究するのは、こうした市民社会の現象である。経済学や政治学が社会の科学として成立するのは、近代になってからであり、近代でしか生まれなかったのもそこに理由がある。近代以前では、政治も経済も入り交じっているだけでなく、宗教や道徳とも[II]になっていた。だからそれらは独自の学問を要求しないで、伝統的な仕方で行われる哲学的、道徳的、宗教的な考察の対象であった。

自然との関係は、生産活動のことである。そして生産は人類とともに古い。どの時代の人間も生産をするものであり、生産なしには人間は生きていくことはできない。とはいえ近代以前の人類は、生産を近代人のように「労働」とは考えていなかった。彼らは、西洋とアジアとを問わず、対自然活動としての生産活動を、宗教的、道徳的などの活動とみなしてきた、あるいは生産を宗教や道徳のベールにつつんで、生産が突出しないようにしてきた。つまり彼らにとって生産とはC祈りのようなものであった。だから、近代以前では、自然を人間が征服するという思想は基本的にはない。むしろ自然に服従することこそ人間のありかたであり、われわれの観点から語る「生産活動」も彼らの観点では自然の征服ではまったくなく、反対に自然への畏怖と感謝の感情をふくむ服従の行為であった。だからこそ、近代以前の人間たちにとっては、生産は「経済的」活動ではなくて、「非経済的」な活動であったのだ。

ところが近代人は、そして近代人だけが、生産活動を「労働」と捉え、D生産的労働をもって自然を征服し、それによって人間を自然から解放するという思想をもつことになった。人類の解放という思想は、たしかに近代独自の思想であるが、それはまずは自然からの解放であった。自然から解放された人間は、一方では前述のE古い共同体を解体してそれから解放され、自立した個人になり、そうした個人が作る市民社会を理性によって管理することを第二の解放と考えてきた。自然からの解放に力点を置いたのは初期近代思想であり、社会の理性的管理に力点を置いたのが、第二近代ともいうべき一九世紀以降のいわゆる社会主義思想である。したがって、近代思想が、特に社会思想が「労働」の思想として展開したのは、大いに理由のあることである。そして生産を労働とみなすこと、つまり丸裸の肉体労働が労働として突出したことも近代の大きい特徴である。しかも他のすべての活動が、近代の歴史が進展するにつれて、労働をモデルにして改造されていく。すべての活動は、精神的と物質的とを問わず、労働に転化していくのである。その意味で近代は「労働の時代」なのである。別の言葉で言えば、近代は「[III]」であり、その道具を技術と呼ぶなら、「技術的道具体制を中心にした労働体制の時代」であり、原理的に自然との共生はありえない時代である。共生がありえたのは、古い時代であり、それは貧しい（経済的な意味で）人間生活においてのみ可能なことであった。自然征服的労働＝技術体制のおかげで実現した物質的な豊かさを満喫しながら、自然との共生やエコロジーが可能だと信じるのは、おそらく途方もない幻想であると言ってもいいだろう。

以上が近代性の構造を支える主要な柱である。

（今村仁司『近代の思想構造』より）

問一 傍線部Aの「近代特有の自己との関わりかた」とはどのような内容を指しているのか。次のイ〜ホから最も適当なものを一つ選び、その符号をマークしなさい。

イ　自己との関わりの独自性を重視し、常に個々が特色を発揮しようとした関わりかたのこと。

ロ　自己と他者の関係を重視し、常に他者にどのようにとらえられているかの判断を最も大切な出発点と考える関わりかたのこと。

ハ　自我からの出発が、常に実践的並びに精神的な行為の基準であることを認識しようとするような関わりかたのこと。

ニ　自己の内面で自己と対面し対話しつつ、自我の内面性を極端にまで深めていこうとするような関わりかたのこと。

ホ　常に反省することを強調し、反省によってより自己を分析できる理性的な人格を持とうとするような関わりかたのこと。

問二　空欄Ｉに入る最も適当な語句を次のイ〜ホから一つ選び、その符号をマークしなさい。

イ　自我の決断　ロ　自我の構造　ハ　自我の展開　ニ　自我の解体　ホ　自我の発現

問三　傍線部Ｂに「独特の人間関係を作り出した」とあるが、筆者はいかなる理由によってそうした「人間関係」が生じたと考えているのか。そのことが示されている箇所を二十五字以内で抜き出して記しなさい（句読点も字数に含むものとする）。

問四　空欄IIに入る最も適当な語句を次のイ〜ホから一つ選び、その符号をマークしなさい。

イ　曖昧模糊　ロ　渾然一体　ハ　融通無礙　ニ　有名無実　ホ　玉石混交

問五　傍線部Ｃの「祈りのようなもの」と同じ内容を示している箇所を問題文より二十五字以内で抜き出して記しなさい（句読点も字数に含むものとする）。

問六　傍線部Ｄに「人間を自然から解放するという思想」とあるが、人間はそれをどのようにして持つことになったとしているか。次のイ〜ホから最も適当なものを一つ選び、その符号をマークしなさい。

イ　生産なしには人間は生きていけないのだから、それを必須の活動として認識することによって。

ロ　人間の意志と必然性を基準にして生産活動を行い、経済的活動に供することによって。

ハ　人間が自然に対して理性的認識をすることで自然を征服し、服従させることによって。
ニ　自然との共生よりも、経済的効果を優先させて考え、物質的豊かさばかりを追求することによって。
ホ　生産活動を自然の流れに任せないで、技術的工夫をし、体制を整えることによって。

問七　傍線部Eの「古い共同体」とはどのような共同体か。問題文のことばを用いて四十字以内で記しなさい（句読点も字数に含むものとする）。

問八　空欄Ⅲに入る最も適当な語句を次のイ〜ホから一つ選び、その符号をマークしなさい。
イ　自然から自立する時代　ロ　自然を畏怖する時代　ハ　自然との共生の時代　ニ　自然に服従する時代　ホ　自然を征服する時代

問九　傍線部F「丸裸の肉体労働が労働として突出した」の解釈として、最も適当なものを次のイ〜ホから一つ選び、その符号をマークしなさい。
イ　どんなに苛酷な労働を強いても近代の発展を押し進めようとする傾向が強まった。
ロ　ひたすら生産活動に従う労働が、自然からの解放のためのより有効な手段として強く関心が持たれた。
ハ　経済的な生産活動のみを目的として労働に従事する人間が社会の中で急激に比重を増した。
ニ　肉体労働に懸命に従事することが、精神的なもの、理性的なものに比して最も価値のあるものとみなされた。
ホ　生産効果を高めるため低賃金で苛酷な労働を強いられた人間が社会的に大きな問題となった。

問十　傍線部Gに「近代性の構造を支える主要

な柱」とあるが、問題文の中で筆者が「主要な柱」としてとらえているものを、次のイ〜チから三つ選び、その符号をマークしなさい。

イ　近代自我論の確立
ロ　自我の内面性の追求
ハ　「共同体」的交通（付き合い）
ニ　個人を中心とした社会的価値基準
ホ　経済的市民社会と政治的市民社会の融合
ヘ　生産的労働による自然からの解放
ト　社会主義思想を中心とする時代精神
チ　自然との共生の断念

出題は関西学院大学経済学部（一九九九年度）。出典は先に引用した今村仁司『近代の思想構造』。序章に当たるところからの出題。近代の特質を三つの側面から説明した、構成上は誤解の余地のない文章である。しかし、決してやさしい言葉では書かれていない。やや飛躍があり、「労働」に関するところは説明不足でもある。そこで、設問も論理の展開についてではなく、説明の言葉それ自体に注意しなければ答えられないものが多い。その点が問題として難しいのである。なお、「労働」に関してはこの本の本論の部分で十分に論じられているので、説明不足は今村仁司の責任ではない。この部分を切り取った出題者の責任である。

問題文は、徹底した二項対立の図式によって論じられている。全体として、〈近代／前近代〉

という二項対立が用いられていることは、すぐにわかる。ただし、最初の「自己との関係」の説明には「前近代」に対応する語は出てこない。

この「自己との関係」のパートでは、「自己の内面で自己と対面し対話する」（六十八行目）ことが、「近代人」の特質として挙げられている。「自己」を見る「もう一人の自己」が想定されているということだ。「近代」においては、自己自身が見る主体であり、同時に見られる客体になった。その二つの自己が対話を交わすのが「内面」という場である。これが、**「近代」における「内面の発見」**である。もちろん、「近代」以前の人々には「内面」がなかった、などという馬鹿げたことを言おうとしているのではない。**「近代」において「内面」が価値のあるものとして広く認識された、**と言いたいのだ。認識のしかたの違いである。

二番目の「他人との関係」のパートには**〈個人／共同体〉という大学受験国語に頻出する二項対立**が出てくる。村や家のような「共同体」が前近代のもので「個人」は近代の産物、という認識は人文科学では広く共有されている。ただし、「近代以前は、個人の自立度が低い反面、共同体が個人を守ってくれたが、近代では個人がむきだしのまま国家と向き合わなければならなくなった」などと言えば保守派の評論で、「近代以前には村や家が個人を拘束していたが、近代になって共同体が崩壊して、初めて個人が自立した」などと言えば進歩派の評論ということになる。

いま、現代社会への不安から、前者の保守的な論調のほうが多い傾向にある。「民族」という幻の共同体がクローズアップされるのも、日本がグローバル・スタンダードに飲み込まれてしまうことへの不安と、個人があまりに孤立した現代社会への不安という、二つの一見相反する理由によるのだろう。このことは、この本の最後の章で学ぶことになる。

この「他人との関係」のパートでは、**「近代」における共同体からの個人の自立**という、大学受験国語でよく見かける説明がまずあって、次に、その個人は、経済や政治といった相互にある程度独立した活動に市民として参加する、という説明が来るわけだ。ただし、この経済や政治の領域が「相対的に独立」しているという説明のしかたは、学際的横断的研究が模索され、大学に「国際政治経済学部」が成立している現状から見ると、やや古風に見える。

三番目の「人間と自然との関係」のパートには〈労働／祈り〉という珍しい二項対立が出てくる。〈近代以前においては「生産」は神の手の中にあり、近代においては「生産」は人間の「労働」によってなされる〉と言うのである。ここには、〈人間／神〉という二項対立が前提としてあることがわかる。

「人間と自然との関係」のパートについては、過去問①にあった「合理主義」との関係で説明を加えておこう。「はじめに」で挙げた高田瑞穂『新釈 現代文』には、この点に関して次のような説明がある。

高田は、「合理主義」は、古代ギリシャにおいては「人間を越えた非合理的運命に反抗」し、ルネサンス期においては「宗教の非合理的権威に対して、強く反抗」したとして、以下のように述べる。

……特にこの合理主義が有力な力を示し得たのは、それが、自然科学と結合したことにもとづきます。この両者の結合によって、はじめて、自然現象のすべてをつらぬくものは、無目的的な、没価値的な因果の法則にあるという立場が確立され、そこから人間は、一方に、世界を神の摂理と見る目的的立場から解放されるとともに、他方、自然の法則を知ることによって自然を人間のために利用するということが可能となったのでした。

〈「合理主義」が自然科学と手を結ぶことによって、自然を神の手から引き離し、自立した法則を持つ「客体」と捉えることが可能になり、そのことによって、「近代人」は自然を「利用」することができるようになった〉と言うのだ。今村は、この人間の自然からの解放を「生産的労働」(百三十七行目)が行なったと言っている。

だが依然として、「近代」における「労働」の突出という言い方はわかりづらい。そこで、この本の中から、今村自身の言葉を引用しよう。

物を作る労働が社会生活にとって必要であることと、労働が社会的・文化的な「価値基準」になることとは、まったく別個の事柄であって、両者を混同することは許されない。古代や中世では、労働が日常生活を運営していくに際して必要であり不可欠であることははっきりと認められていた。しかし古代人も中世人も、労働を社会形成の原理として考えなかったし、ましてや文化を眺める標準にすることなどは夢にも想像されなかった。

つまり、「近代以前」にも「労働」はあったが、それは宗教活動などのさまざまな活動から独立したものとしては認識されていなかった。ところが、「近代」では、「経済に純化」することで、「労働」が数ある社会的な活動の中で**特別な価値を持つものとして特権化**されたと言うのである。これを、**「近代」における「労働の発見」**と呼んでおこう。こういう説明なら、おわかりいただけただろうか。

今村は問題文の最後で、「近代」に生きながら「自然との共生やエコロジーが可能だと信じる」ことを「途方もない幻想」だと批判している。ここに、今村の批評がある。この批評の地点から、「古い共同体」をモデルにした世界観をふたたび持ち出すのか、それとも「近代」を超えた新しい世界観を模索するのか、あえて言えば、そのことで保守派か進歩派かが決まるのだ。

これだけのことを確認して、設問を解いてみよう。

問一は難しくはない。「自己との関係」の結論部である六十八〜六十九行目と七十三〜七十五行目に書かれていることと一致するのは、ニしかないからである。イは正解になるにはぼんやりしすぎているし、後半が余分である。ロは、言っていることは非常識ではないが、次の「他人との関係」の説明に踏み込んでしまっているし、それも本文の論旨からすると見当違いである。ハはたいへん紛らわしいが、とくに「認識しようとする」のところが間違い。今村は、「自我」を「認識」ではなく「働き」と見ている。ホは、「理性的な人格」のところが本文にはない**余計なことを付け加えている**し、これを見逃しても、全体としてニの選択肢の前提でしかないことに気づかなければならない。つまり、正解としては不十分でもある。**不十分な選択肢は誤答になる。**

問二。僕は、**空欄補充は好ましい出題形式ではない**と考えている。どうしても空欄補充でしか聞けない問いがあることは事実である。しかし、必要最低限にすべきだ。というのは、そもそも解釈という行為にはかなりの自由があり、「殴られて悲しい」とあれば「悲しい」理由を考えるし、「殴られて嬉しい」とあれば「嬉しい」理由を考えるのが解釈というものだからである。この場合、「悲しい」や「嬉しい」の部分が空欄なら、どちらでも正解になり得る。評論とて同様である。

僕にも経験があるが、空欄補充問題は、もともとの原文が「正解」をとりあえず保証するように感じられるし、問題数もたくさんできるし、選択肢問題を作る手間も省けるしというわけで、出題者にとっては一度やり始めたらやめられない麻薬のようなものなのだ。しかし、**空欄補充は安易で志の低い設問形式**だと肝に銘じる必要がある。

今回僕が読んだ問題の中では、東京家政大学文学部の一九九九年度の問題が、わずか千百字程度の文章に空欄が十六箇所もあって、我が目を疑った。また、亜細亜大学法学部（一九九八年度）、東京経済大学経済学部（同）、南山大学文学部（同）、法政大学経営学部（同）、早稲田大学（の多くの学部）などにもものすごく空欄補充の多いものがあった。その多くはほとんどパズルである。これらの大学では、どうやら伝統的に空欄補充問題が多い傾向にある。

しかし、考えてみれば、受験者数が多く、技術的に記述問題を出題しづらい私立大学では、**設問の形式はほぼ三種類に限られる**のだ。選択肢問題、抜き出し問題、そして空欄補充問題である。さらにマークシート方式での採点となると抜き出し問題が出題できなくなり、それに選択肢を作る気力と能力がないと勢い空欄補充ばかりになるのである。

もっとも、空欄補充にもまったく利点がないわけではない。傍線をたくさん引いて質問しないと理解できないような悪文や、方々から本文を抜き出して論理の展開を確認しないと理解できないような悪文を出題しなくてもよい点だ。だが、くりかえすがそれも程度問題である。ふだん読まないような虫食いだらけの文章を読ませて「国語」力がどれほど試せるものなのか、じっくり反省してみる必要はある。いやいや、そんなことを言うのなら、本文よりも難解で意味不明の選択肢を選ばせる設問だって、「国語」力を試すのには怪しげな方法だ。多くの私立大学の心ある教員はみんなこの問題で悩んでいるのだから、こんな言い方はまるで天に唾するようなものなのだが、自戒の念を込めてあえて言っておこうと思う。

この問二の空欄補充にも、実は疑問があるのだ。この選択肢のなかで、ニの「自我の解体」が誤答であることはすぐにわかる。しかし、それ以外の四つの選択肢はどれでも正解になり得るのではないだろうか。原文を見れば、ここは「自我の決断」とある。だから、イが正解なのだろう。なるほど、「人間の行為は」という主語には「自我の決断から生まれる」という述部がふさわしい。また、五十五行目の「自我の行為」という表現に対応するものを考えれば、「自我の決断」がふさわしいとも思う。

しかし、なぜ「自我の構造」や「自我の展開」や「自我の発現」がいけないのか。これらの語句を空欄Iに代入しても十分に解釈可能ではないだろうか。「自我の決断」は、これら三つのものの結果発揮されるものという考え方も十分に成立するのだ。だから、絶対に間違いとは言えない。「最も適当な語句」を選べという設問のしかたは、この場合逃げ口上にしか見えない。少なくとも、僕にはたった一つの正解は選べないし、これら三つの選択肢にも×はつけられない。僕の頭の構造が杜撰《ずさん》なのだろうか。

問三。この場合、「他人との関係」について論じた七十六〜百十六行目の範囲内に正解があるに決まっている。こういう設問では、**傍線部と似た表現を探すこと**から始めればいい。九十〜九十二行目に「ところが近代人は、こうした共同体的人間関係から離脱する、あるいはそれを解体して、別の人間関係を作る」とあるのが目につく。この文章でもほぼ正解だが、「理由」としてはまだ不十分だし、だいいち字数がずいぶんオーバーする。そこで、これを説明的に言い換えた部分を探すと、九十五行目に「社会的価値の基準が集団から個人のほうに移動した」とある。二十三字、これが正解である。

ここでもう一つ覚えておいてほしいことは、この正解の文章に見られるような説明のしかたである。僕は、ここまででも「内面の発見」とか「労働の発見」といった言い方をしてきた。そういう言い方にならえば、ここは「**個人の発見**」と言えるところなのである。何も「内面」や「労働」や「個人」がそれまではなかったなどと言っているのではない。「近代」になって、それまでとは違って、「内面」や「労働」や「個人」が特別に価値があるものと見なされるようになった、あるいは、社会の中でのこれらに対する意味づけが変わったということなのだ。こういうことを、「**〜の発見」という言い方**で表現することがいま流行《はや》っているのである。

問四の空欄補充はやさしいし、出題の意図もよくわかる。ここは「近代以前」について説明しているところなのだから、少し前の「近代」的な特質を説明した「独立」や「独自」（百六〜百七行目）と対立し、一方で、直前の「入り交じっている」（百十二行目）を言い換えている選択肢が正解である。すなわちロである。「近代以前」では、政治も経済も宗教も道徳も一体化していて区別がつけられなかったと、今村は言うのだ。

問五。学生時代、上原和という日本美術史研究の先生に、上野の博物館で現地集合現地解散の授業を受けたことがある。上原先生は展示された仏像の前でかがんで見せて、「仏像は祈るためにつくられたものなのだから、こうして下から拝むように見るのが最も美しいのだ」と教えてくれた。僕は、仏像を見るための身体技法を学んだのである。「祈る」ことも同じなのだから、このエピソードは、問五を考えるヒントになるだろう。

文章構造としては、百二十六行目の「生産」は百二十二〜百二十三行目の「対自然活動としての生産活動」の意味であることを確認した上で、傍線部の直後に、近代以前では「自然に服従」するのであって「自然を征服」するのではない、と述べられていることに注意すればいい。「祈り」とは「服従」だというのだ。したがって、正解は「自然への畏怖と感謝の感情をふくむ服従の行為」(二十一字、百三十二行目)である。

問六は素直に考えたい。傍線部Dのすぐ前に「それによって」とある。この「それ」の指すものが答えであろう。この「それ」の指すのは「生産活動を『労働』と捉え、生産的労働をもって自然を征服」(百三十六〜百三十八行目)することである。「自然を征服」することによって「人間を自然から解放」すると言っているのだから、素直に選べばハが正解となる。

僕の使った問題集はロを正解としていたが、目的語が明示されないためにやや文意のとりづらくなっているロを正解とすることは、出題者の心理からしてもあり得ない。選択肢問題ではたくさん嘘をつくのだからせめて正解ぐらいはまともな文章にしたいと、出題者は思うものだ。だから、**正解の選択肢は文章が整っているのが普通**だ。ロは内容も本文から離れている。なお、イとホはさらに本文とかけ離れた見当違いの選択肢で、ニは「人間を自然から解放」した結果である。しかも、ダミー（誤答）とはいえ、いずれも文章が整わない。その意味で、この選択肢たちはやや出来が悪い。

問七は記述問題。たとえ本文のまとめに関することでしかなくても、受験者数が多く、採点が厳しい条件の中で記述問題を出題する心意気がいい。

ここは、傍線Eの直前に「前述の」とあるから、まずその部分を見つけなければならない。「古い共同体」について述べていたのは、「他人との関係」について説明しているパートのとくに八十二〜九十行目である。この部分をまとめれば「個人的利害よりも集団の利益を優先し、個人が集団に埋もれている共同体。」（三十四字）とでもなろう。これでも点は十分出るはずだ。**記述問題では制限字数の八割以上は使いたい。**

少し字数に余裕があるから、「人間と自然との関係」のパートの、とくに百十七〜百三十五行目の記述をも踏まえるなら、「個人的利害よりも集団の利益を優先し、個人が集団に埋もれた宗教的拘束の強い共同体。」（四十字）となる。この点については、過去問①の「**世俗化**」についての説明を思い出してほしい。「古い共同体」とは「世俗化」以前、つまり「宗教からの解放」以前の共同体のことである。

　問八の空欄補充はやさしい。選択肢のうちロ、ハ、ニは、「近代」ではなく「古い共同体」に属する事柄である。問題はイだが、「自立」するのは、「共同体」から「個人」が、である。「近代」では「自然に服従すること」から「自然を征服すること」に変わると、くりかえし述べている。したがって正解はホ。

　問九は、ものの見方に関する設問である。実は、百三十六〜百三十七行目の「生産活動を『労働』と捉え」るという言い方の意味がわかっているかということを問いたいのだ。くりかえすが、これは「事実」の問題ではない。同じように「生産活動」をしていても、前近代ではそれが「宗教活動」であるかのように見られ、「近代」では「労働」に見られるということなのだ。

　傍線部Fの「丸裸の肉体労働」という表現は比喩である。「宗教活動としてではない、純粋な労働そのもの」というほどの意味であろう。ここまで押さえると、イ、ニ、ホは見当違いであることがわかる。引っ掛かりのあるのはハだが、これは近代的労働者が増えたという「事実」に関する記述であって、「ものの見方」に関する記述ではない。したがって、正解はロだ。「強く関心が持たれた」のところは、これまでの僕の言い方に合わせれば、「特別な価値を持つものとして特権化された」とか「発見された」とでも言うところである。
問十はまとめの設問。本文は三つのパートに分かれていた。それぞれから一つずつ選べばいい。「自己との関係」のパートではロを選ぶ。イは「近代的自我論の確立」の「論」のところが間違い。「近代的自我の確立」なら正解だったのである。「他人との関係」のパートではニを選ぶ。ハは前近代の説明で、ホはこれからの課題。「人間と自然との関係」のパートではヘを選ぶ。トとチは説明の一部にすぎない。

これでずいぶん長かった第一章も終わりに近づいた。少しへバッただろうか。最後にこの章に関する参考文献を挙げておこう。

山本雅男『**ヨーロッパ「近代」の終焉**』（講談社現代新書）
「近代」をヨーロッパという一地域のローカルな文化として捉えるところから、その光と影の部分がよく見えてくると言う。日本は「近代」の影の部分を輸入してしまったのではないかという指摘には怖いものがある。
今村仁司『**近代性の構造**』（講談社選書メチエ）
時間感覚や自己規律や機械信仰といった近代人特有の心性を分析しながら、近代が現代（脱近代）に移行するその時をみごとに論じた。近代論の白眉と言える。難しいが、ぜひ読んでほしい本である。

山田昌弘『**パラサイト・シングルの時代**』（ちくま新書）

「パラサイト」とは「寄生」の意味。都市部で親と同居（寄生）し続ける中流階層の「シングル」（独身者）が増えている。彼あるいは彼女たちが少子化社会の元凶として、また低成長時代における社会構造の歪みの象徴として名指されることになる。山田は厚生省人口問題審議会の専門委員だそうで、景気さえ良くなればいいといった感じの政府の回し者みたいな論調は気になるが、「近代」が家族をどう変えたのかを知る上でも、日本の近代家族の未来を考える上でも、貴重な議論だ。もっとも、「パラサイト・シングル」という概念の**発見**によって追いつめられる人も出てくるだろう。それも気になるところだ。

第二章

あれかこれか

——二元論

僕たちはいま「現代」に生きている。しかし、そうは言っても、「現代」固有の思考はまだ十分に姿を見せておらず、「近代」的な思考は生きながらえている。ここで言う「近代」的な思考とは、この本でも採用している二元論のことである。そこで、この章では、「近代」的な思考を対象化するために、二元論的思考それ自体が問われているような文章を読もう。

この章で読む二つの文章がテーマとしているのは、**脱構築（ディコンストラクション）**という方法である。脱構築は、「近代」的思考の再検討を迫るものだが、「近代」的思考と無縁な、まったく新しい思考というわけではない。むしろ「近代」的思考を突き詰めることで、それを逆転し、作り変えるような思考方法である。そして、その向こうにようやく「現代」が見えてくるといった趣なのである。

柄谷行人の文章は、二元論そのものの脱構築を説いたもの。岸田秀の文章は、**脱構築批評**のシンプルな実践例である。いずれも、平易で明快な文章だ。大学受験国語も、常にこのレベルの文章から出題できればよいのだが。

【過去問③】脱構築という方法

次の文章を読んで、後の問に答えよ。

広告について一般的に話したいと思うのですが、
広告というものの位置はある意味で、批評にとって、似ている。いいかえれば、第二次的であるということです。物があって、それを広告しているのだから、広告は二次的である。批評の場合は小説があって、それについて書いているのだから二次的である。ふつうは、そう考えられているわけですね。

　こういう二次性は、それにとどまるとはかぎりません。たとえば本を出すときに、装幀が必要ですが、装幀者は本の書き手に従属するというか、二次的な立場に立つわけです。編集者もそうですね。しかし、[a]こういう状態が、四、五年前から、およそ、八〇年代ぐらいから逆転してきたと思うんです。第二次的なものと第一次的なもののイカイが逆転してきた。一般に広告のことが問題になってきたのはここ四、五年です。それは「ニューアカブーム」といわれて、浅田彰が話題になった時期です。僕はそのときに日本にいなかったのですが、僕なんかもその「ニューアカ」の一人ということになっていたようです。僕自身は、全然そう思ってもいませんでしたけれど。

　広告論というものがブームになったということは、さきも言ったように、それまで二次的であったと思われたものと一次的なものとの関係がある意味で逆転したということだと思うんですね。黒板に思いつきに並べたんですけど（左図参照）、上の方が第一次的で、下の方が第二次的なものであるというわけです。

オリジナル	……	コピー
本質	……	現象
音声	……	文字（エクリチュール）
意味	……	記号
普遍	……	個・特殊
創造	……	[b]
生産	……	消費
小説	……	批評

物（商品）……広告
本　　　　……装幀

「ニューアカデミズム」というのは、基本的にいって、こういう第一と第二の順序を逆転する思考だった。たとえば、「音声と文字」ということでいうと、音声は自分の内部にいちばん近いものである。頭の中でも喋っているし。それに対して文字は、それを書き写したものである。だから二次的である。そういうのが普通の考えですね。それを転倒しようとしたのがデリダです。むしろ文字が先にある、書くということが先にあるのだと。この黒板の図を見ればわかりますけれど、それは、なにも文字とかエクリチュールとか、それだけの議論ではありません。ここに書いた、第一次的なものと第二次的なものについて全部あてはまります。つまり最初にオリジナルなものがあって、それのコピー、複製があるという考え方、あるいは本質的なものと現象的なもの、そういうイカイを全部ひっくり返すことになる。

広告というのは、この中での一つの領域に当たると思います。今まであれば、まず物（商品）がある。それが本体である。そして広告というのは、それをたんに知らしめる付随物にすぎない、と。それは本という本質がまずあって、装幀などは現象にすぎない、本の中身がまずあってその後に装幀があるだけだ、という考え方と並行しています。それがまさに、広告が物を売らしめるのである、というように逆転される。物があって売れるのではなくて、広告こそが物を売らしめるのである、と。もちろん、それは従来の考え方の中では不自然に見えるのですが、[c]従来の考え方が自然であるということが実は形而上学なのだ、というわけです。

これは、たとえば「生産」と「消費」ということでもそうです。生産がまずあって、消費は第二次的なものであると普通は考えられる。しかし、この逆転においては、まさに消費のほうが第一次的なのではないかということになります。ボードリヤールは、「西欧は今まで生産中心主義が支配してきたが、今やそれが逆転されたのだ」という。[d]消費社会というのは、たんに商品が消費されている社会ではなくて、逆に今まで第二次的で下に置かれてきたものが優位に立つ、という意味を持つ社会ですね。それを[e]「消費社会」と呼んだわけです。ともかく、繰り返していえば、黒板に書いた上位と下位、一次的と二次的というもののイカイが逆転されるとか、あるいは曖昧になる事態が起こったのです。

　さらに黒板の図で、「小説」と「批評」という項目がありますが、これについていうと小説家は、自分がまず最初に書いているのだと考えるかもしれない。しかし、小説をまったく読まなかった人が小説を書くということはありえない。物語であれ何であれ、すでに子どものときから、いろいろなものを聞いたり読んだりしているわけですね。その上で、書くということが出てくる。そうすると、その人は、自分で創作、創造しているかもしれないけれども、「[f]」しているということになります。

　そうすると、いちばん最初だったと思われているものが、すでにコピーだということになるわけです。図の「オリジナル」「コピー」という項目でいいますと、オリジナルがコピーだったということになる。大ざっぱに述べれば、これがいわゆる[g]「ディコンストラクション」というものなんですね。ディコンストラクションというのは、一次的なものと二次的なものをたんに逆転するだけではなくて、第一次性、つまり起源であり始まりであるものそれ自体がすでにコピーであり、再現にすぎないということによって、上下の関係、一次性、二次性というイカイを潰そうとするものだと

いっていいと思います。（柄谷行人の文による）

（注）エクリチュール……「書くこと」の意味のフランス語。
デリダ……フランスの哲学者。「エクリチュールと差異」などの著がある。
ボードリヤール……フランスの社会学者・哲学者。

問一 問題文中の片仮名の「イカイ」はすべて同じ単語である。これに該当する最も適切な単語を漢字で記せ。

問二 傍線部a「こういう状態」とは何か。つぎのア〜オから最も適切なものを選び、記号をマークせよ。

ア 広告が批評に似ている
イ 二次的なものが一次的なものに従属する
ウ 装幀者が本の書き手に従属する
エ 編集者が本の書き手に従属する
オ 装幀が二次的立場に立つ

問三 図中の空欄［b］には、文中の空欄［f］と同じ単語が入る。次の中から最も適切なものを選び、記号をマークせよ。

ア 盗用　イ 引用　ウ 捏造　エ 読書　オ 消耗

問四 傍線部c「従来の考え方が自然であるということが実は形而上学なのだ」というのはどういう意味か。次のア〜オの中から最も適切なものを選び、記号をマークせよ。

ア 広告が物を売らしめるということは不自然なことである。
イ 広告と物との関係は、本文と装幀の関係と同じように自然である。
ウ 物があってはじめて広告が存在するということがよりすぐれた考え方である。
エ 広告より物が重要であるという考え方自体がひとつの哲学的立場を現している。
オ 広告も物も形而上学から見れば同等に扱う

ことができる。

問五　問題文中で「消費社会」という単語が傍線部dとeとの二回現れるが、二回目だけに括弧がついている。それはなぜであるか。括弧をつけた文章の著者の意図を説明するものとして最も適切なものを次のア〜オから選び記号をマークせよ。

ア　まったく新しい概念であることをあらためて示すため。

イ　二度目に用いてあることを特に強調するため。

ウ　西欧社会の現在の状態をまさによく表現したことばであるから。

エ　一回目と二回目とでは内容が異なっていることを表すため。

オ・ボードリヤールの言うところの消費社会であるという意味を示すため。

問六　傍線部g「ディコンストラクション」とはこの文章中ではどのようなことを指しているか。最も適切なものを次のア〜オの中からひとつ選んで、記号をマークせよ。

ア　オリジナルとコピーの差がなくなるべきだ。

イ　オリジナルとコピーの順番がなくなった。

ウ　一次性、二次性を根元的に疑うべきだ。

エ　一次性、二次性以外の問題が重要だ。

オ　秩序の破壊そのものが重要だ。

問七　問題文中の図の中に「意味」と「記号」というペアがある。このペアについて本文では説明がないが、これについて述べた次のア〜オの文章のうちで、この図の主旨にもっとも合致したものをひとつ選んで記号でマークせよ。

ア　意味があってはじめてそれに該当する記号をあてはめられる。

イ　記号をつけられたものには本来の意味はない。

ウ　記号があってはじめて意味が生まれる。

エ　意味と記号とは直接の関係がないものである。

オ　意味と記号とは相互に入れ替え可能である。

出題は青山学院大学経済学部（一九九六年度）。出典は柄谷行人『言葉と悲劇』（講談社学術文庫、一九九三年）。柄谷の文章はいつもひどく難しいのだが、これは講演ということもあってか、内容は高度なのにたいへん読みやすい。「やればできるじゃん！」という感じだ。設問はやや練り足りないが、大学受験国語としてはやさしい部類に属する。

文中に**デリダ**というフランスの哲学者の名前が出てくるが、脱構築批評は彼の思考から生まれたのである。この問題文の読解に必要な範囲で、デリダの脱構築批評について説明しよう。

「近代」がキリスト教文化圏から生まれたことは前に述べた。その「近代」では、言葉について考えようとすると、「音声」を中心とする態度をとることになっていた。それは、「ことば」が究極的に「神の声」だと考えられていたからだ。だからこそ、「ことば」を究めることで「神の真理」にたどり着こうとする学問「形而上学」が、長い間西洋思想の中心に位置したのである。ところが、デリダはこういう「**音声中心主義**」に異議を唱えて、それまで「声」を写し取る記号でしかないと思われていた「文字」こそが「ことば」だと主張することで、「ことば」をたどって「真理」に行き着こうとする西洋に固有の思考を批判したのだ。

これは、一般に「表音文字」と呼ばれるアルファベットを使うヨーロッパ文化圏の人々にとって大きな衝撃となったが、「表意文字」である漢字の国に住み、書道という「文字」そのものの芸術を持つわれわれには、案外すんなり受け入れられる思想かもしれない。書道では「文字」が「声」を離れてそれ自体で自立している。実際、後のデリダは漢字や書道に強い関心を示したという。

それでも、僕たちの常識からすると、このようなデリダの主張はおかしいと思える。なぜなら、「ことば」はどの文化圏でもまず「声」によって生まれたはずで、いきなり「文字」の生まれた文化圏などとうてい想像できないからだ。あるいは、いきなり「文字」を書く赤ちゃんを、僕たちは見ないではないか。

では、デリダは、こんな変なことを主張することでいったい何が言いたかったのか。それは、**「起源」というものの否定**である。キリスト教文化圏では、宇宙の「起源」はもちろん「神」だから、これは「神」の否定につながる。

「起源」を認めることは、その「起源」に近い存在ほど価値があるものだという思想を生む。つまり、ものが、価値の低いものと価値の高いものとに階層化されるのである。序列を生むわけだ。

ここで、序章で説明した二項対立を思い出してほしい。そこで挙げたさまざまな二項対立はまさに序列によって成り立っている。上の項目のほうが下の項目より価値があるのだ。つまり、「神」に近いのだ。あのような二項対立こそは、「起源」を求める思想によって成り立っていたのだ。

ところが、二項対立について考えてみるなら、たとえば、「善」は「悪」がない限り「善」ではあり得ないことがわかる。言い方を変えれば、「善」が価値あるものとして認められるのは、「悪」という価値の低いものがあるからである。「悪」が「善」を成り立たせている、「悪」が「善」を「善」たらしめていると言ってもいい。対立物が、そのものをそのものらしくあらしめているのだ。とすると、「善」なら「善」はそれだけで存在できず、むしろ「悪」が「善」を存在させているとさえ言えることになる。「善」を中心に考えていくうちに、むしろ「悪」のほうが大切に見えてきてしまうのだ。「善」と「悪」との**逆転**が起きてしまう。いや、正確に言えば、どちらが大切なのかがわからなくなってしまうのだ。こういうふうに、**どちらかわからなくなってしまう状態を作り出すのが脱構築批評のやり方**なのである。脱構築批評は、序章に挙げたすべての項目について適用することができる。

こういうデリダの主張はたしかに「近代」を根底から撃つが、デリダの考え方はすでに「近代」的思考に十分に馴染んだ、あるいは「近代」的思考に侵された人でないとインパクトがない。なぜなら、**脱構築批評は、「近代」的思考である二項対立を利用しながら、「近代」を批判する批**

評だからだ。実際、「声」よりも「文字」が大切と言っても、「文字」のない文化圏では何のことかさっぱりわからないだろう。識字率が百パーセント近い文化圏でないと、意味をなさない主張なのだ。その意味で、まさに「**ポストモダン**」(「**近代**」**の後にやってくるもの**)**の批評**だと言える。

ここで、設問を解いてみよう。

問一。僕の解説を読んだ後なら解けるはず。この「イカイ」は「序列」のことだから、「位階」という漢字を当てるのがいい。

問二。**指示語の設問は、大まかに言って三種類ある。**一つは、問題文が悪文で、指示語が何を指しているのかがよくわからない場合。二つは、指示語が本文のゆるやかな要約を求めている場合。三つは、指示語が本文の主旨を指している場合。三番目は、解釈が必要になる。この設問は三番目のパターンである。傍線a「こういう状態」と言っても、どういう「状態」なのか本文には直接書かれてはいない。「要約」すれば答えが得られるわけでもない。ここは、柄谷がこういう記述から何を言いたいのか、その主旨を考えなければならない。

ア、ウ、エ、オのどれも本文と違ったことを言っているわけではない。しかし、この「こういう状態」とは、こういう具体的な事柄を指しているのではない。一つ一つの具体例では「正解」として不十分なのである。この設問では、それらの具体例がいったいどういう主旨で語られているかが問われているのだ。したがって、正解はイ。

もっとも、この設問は同じ種類の選択肢をすべて排除すれば自動的に答えが得られるのだから、技術的にはやさしい。こういう具合に、**同じ種類の選択肢が複数ある場合は、たとえそれらが本文と違っていなくても「正解」にはならない**。どれもが選べそうだということは、どれも選べないということなのだ。まともに作られた設問なら、ほかにもっと適切な「正解」があるはずである。

問三。空欄bには「創造」とは反対の意味の言葉（対義語）が入るはずである。ふつうは「模倣」あたりだろうし、事実全体の文脈からいっても「模倣」で十分意味が通るのだが、「模倣」は選択肢にない。そこで、「模倣」に似た言葉を探すことになるが、ウ、エ、オはかなり苦し紛れの選択肢だ。残るはア「盗用」、イ「引用」だけだ。どちらも「用」という字が用いられていて、もともと怪しすぎる。両方当てはめてみると、空欄bにも空欄fにも、「盗用」のような否定的な言葉は入らないことがわかる。なにしろ、この文章の趣旨は二項対立における下の項目に新たな価値を見いだすことなのだから。そこで、「正解」はイとなる。

このような「引用」という言葉の使い方も、**ポストモダン批評**の特徴である。

言葉の「**引用**」ということについて考えてみよう。たとえば、「美しい」という言葉の意味を説明しようとすれば、「きれい」とか「端正」とか、ほかの言葉に置き換えるしかない。つまり「言葉が指し示すのは他の言葉である」ということになる。これを仮に「**意味上の引用**」と呼ぼう。また、言葉はそもそもすでにある言葉をふたたび用いることによってしか言葉たり得ない。ある人がまったく新しい固有の「言葉」を作ったら、それはコミュニケーションの用をなさないだろう。つまり、言葉を使用することは常にすでに使用された言葉の再利用にすぎないのだ。これを仮に**「使用上の引用」**と呼ぼう。かくして、言葉は少なくとも二通りの「引用」によってしか言葉たり得ないことがわかるのである。

「小説」というジャンルについても、同じことが言える。ある文章があったとして、それはそれまでの「小説」と似ていなければ「小説」とは認められないだろう。つまり、「小説」は「小説」を「引用」することで「小説」たり得ているのである。**オリジナルなどあり得ないとする考え方が、ポストモダン批評の立場**なのである。このような事態を没主体的な「模倣」という言葉で呼ばずに、どこかに新たな「創造」性を予感させるような「引用」という言葉で呼ぶのが、ポストモダン批評の語り口なのである。

問四。傍線部c「従来の考え方が自然であるということが実は形而上学なのだ」という文自体が、ややわかりにくい。ここは、「従来自然に行なわれている思考は形而上学なのだ」というほどの意味。かくの如く、**傍線部は「どういう意味か」と問う類の設問は、本文の添削を行なっているのである。**

「形而上学」とは、デリダの批判するような「神の真理」を究める学問だった。つまり、いま柄谷が提示している新しいポストモダンの思考から見れば、「従来の思考」である「形而上学」は、たった一つの正しい学問の姿などではなく、もう古い思考にすぎないと言っているのだ。

この読み方に沿って選択肢を見てゆくと、ア、イ、ウが本文の主旨とは逆のことを述べているのがわかる。これらでは、「広告」より「物」が大事という「従来の」形而上学的思考を肯定していることになるからだ。オも価値観が逆転していない。そこで「正解」はエとなる。「広告より物が大事」という思考を、否定はしていないまでも、たった一つの正しい思考ではなく多くの思考の中の一つにすぎないと、相対化しているからである。

問五。この設問は、簡単なようでいてよーく考えるとわからなくなる。それは、こういうことだ。

イが見当違いであることは誰にでもわかる。傍線部d、eの「消費社会」は両方とも「たんに商品が消費されている社会」のことではなく、ボードリヤールの言うような「生産」と「消費」との価値が「逆転」した社会のことを指す。だから、「内容が異なっている」と述べるエも間違い。しかし、そのあとが困るのだ。ウ、オはたしかにその通りで、間違ってはいないからだ。二度目の「消費社会」は、「西洋社会の現在の状況をまさによく表現」(ウ)しているし、古い「消費社会」から見れば「まったく新しい概念」(ア)と言えないこともない(ただし、アに関しては「あらためて示す」のところが誤りだろうが)。そして、それが「ボードリヤールの言うところの消費社会」（オ）なのだ。

もちろん、『消費社会』と呼んだわけです」の「呼んだ」のところに注目すれば、「正解」がオであろうことは比較的簡単にわかる。そう「呼んだ」のはボードリヤールだからだ。ただ、もしそれだけの設問なら、わざわざ聞くまでもないことなのに、という気がする。それに、こうしてよく考えてみると、ウとオは、解答のレベルを変えれば（つまり見方を変えれば）どちらも「正解」になり得るのである。この選択肢は、解答のレベルに関してある種の思いこみのもとに作られているように思う。

問六。これはいわば主題文についての設問だが、少し迷う設問である。アとイ、ウとエの二つの組に、オが独りぼっちでぽつんとある。オはあまりに怪しげで、どうやら「正解」はオらしいとわかる。でなければ、こんな仲間はずれの選択肢は作らないだろうから。真面目に考えよう。

アやイのような具体例がここで求められていないことはすぐにわかるだろう。エも見当はずれだ。引っかかるのはウである。だが、本文の最後をよく読んでほしい。ディコンストラクションは「一次性、二次性という位階を潰そうとするもの」と説明されている。もし、ウが「一次性、二次性の位階を根本的に疑うべきだ」とあれば「正解」だろうが、実際には「の位階」の部分はない。そこで、「正解」としては不十分なのである。先に説明したように、ディコンストラクションは「秩序」を「混乱」させることが目的なのだ。そこで、「正解」はオとなる。

問七。さて困った。「正解」が、アかウのどちらかであるところまではすぐにわかるだろう。問題はその先だ。この二つの選択肢は、ちょうど意味が逆になっていて、セットになっている。アが「近代」的な思考、ウがポストモダンな思考を表している。そこまでもわかる。だが、設問文の「この図の主旨にもっとも合致したもの」という表現が曖昧なのだ。柄谷の挙げた図は、はたして「逆転」以前の「秩序」を示すために掲げられたものなのか（もしそうなら「正解」はア）、逆に「逆転」以後の関係を示すために掲げられたものなのか（もしそうなら「正解」はウ）、僕にはよくわからないのだ。

「こういう第一と第二の順序を逆転する思考」（四十三行目）といった記述を読むと、「こういう」とは、どうやらとりあえず「逆転」以前の「秩序」を指すものらしい。とすると、「正解」はアとなる。だが、「こういう」が、「順序」でなく「逆転する思考」を修飾しているのなら、「正解」はウだし、さらに、本文全体の主旨としては、この「秩序」を「逆転」するために掲げられた図なのだから、やはり「正解」はウとなる。こうなると、正直なところお手上げである。アかウか決定不能なのだ。

あるいは、アの選択肢は現代の言語学の常識からみて間違った説明がなされているから、間違いなのかもしれない。現代の言語学は、「意味」と「記号」との間には必然的な結びつきはないと考えるので、「それに該当する記号」のところは決定的に間違いなのだ。しかし、それは「逆転」以前の思考でもある。だから、この図の主旨を「逆転」以前とみなせばアは「正解」になる。やはり決定不能だ。この設問もやや思いこみによって作られているように思う。

そこで僕はふと思ったのだ。この「あれかこれか」を選べない状態こそが、脱構築批評そのものではないかと。もしかしたら、この設問はそういう意図から作られていたとか……。ま、無理かな、こういうこじつけは。

困った結末になったが、大学受験に限らず、受験国語の設問にはこの手の思いこみが少なからずある。受験生としては、全体の主旨に合うほうを「正解」としておくほかないだろう。この場合はウである。あとは神に祈るのみである。いや、脱構築批評では「神」に祈ったりしてはいけないのだった！

また、国語は、こんなふうに**設問がひとたび解釈の領域に踏み込むと、とたんに決定不能になる**のである。だから、大学入試センター試験をはじめとして、受験国語に小説を出題している大学をみると、「勇気があるなあ」と思ってしまう（これはもちろん皮肉だ）。そもそも、**小説は解釈の多様性を楽しむ芸術なのだから、原理的に一つの「正解」など決められるはずがない**のである。小説を受験国語に出題することは決して悪いことではないが、それには小説問題に固有の配慮が必要なのだ。このことについては言いたいことがたくさんあるけれども、長くなるのでまた別の機会にしよう。

次は、脱構築批評の実践編である。設問も素直な良問だと思う。

【過去問④】子どもの発見と二項対立

次の文章を読んで、後の問に答えよ。

子どもというものが近代において発見された現象であることはよく知られているが、論理的に言って子どもの発見はおとなの発見と同時であろう。子どもはおとなの発見と同時に、おとなではないもの、いわばおとなのネガとして発見されたのである。発見者は自分をおとなだと思った人間である。子ども自身が、おれはおとなとは違う子どもだと言い出したわけではない。

この発見者は、近代ヨーロッパ人らしいが、子どものほかに、自分とは異質なさまざまなものを発見した。文明人ではないところの未開人、正常者ではないところの異常者（変質者、神経症者、精神病者など）など。そして、子どもをおとなに「発達」させるために教育制度をつくり、未開人を「文明化」するために植民地をつくり、異常者を「治療」して正常者にしようとした。その試みがうまくゆかないと、殺して滅ぼしてしまったり（「未開」民族などを）、施設（監獄、精神病院など）に収容したりした。子どもと同じく、未開人も異常者も自分からおれは未開人だとか異常者だとか言い出したのではなく、それぞれ文明人、正常者のネガであった。

つまり、この発見者は、自分のことをおとなだと思っただけでなく、文明人、正常者だとも思ったわけである。

　では、自分のことをおとな、文明人、正常者だと思い、子ども、未開人、異常者を発見した人とはどういう人であろうか。一言で言えば、近代理性人とでも呼ぶことができようが、この近代理性人は、どこから現われたのであろうか。近代理性人は、中世において唯一絶対神に支えられていた調和的宇宙の秩序が崩れ、この秩序のなかでの安定した場所を失い、紐《ひも》が切れてバラバラになった念珠《ねんじゅ》のように孤立して、いきどころを失った A から現われた。彼らは個々バラバラに神との関係においてそれぞれの自分を築いた。いいかえれば、それぞれ自分のうちに B をもった。このうちなる C が D であり、したがって、 E は F と同じように普遍妥当な絶対的なものであった。

　そして、もはや[1]中世的な宇宙の秩序を見失った彼らは、この理性にもとづいて秩序を再建しなければならなかった。このようにして再建された秩序が近代社会であり、近代国家であった。この近代社会の秩序は、もはや神に任せておけばうまく維持してもらえるというわけにはいかず、社会を構成する個人々々が理性にもとづいて計画し、形成し、維持しなければならなかった（フランス革命やロシア革命はこのような思想を前提としている）。もはや天の恵みはなく、すべては自分たちがつくらねばならなかった。そこではじめて[2]近代的意味における労働が現われた。

　このような社会においては、理性をもたない人が、厳密なことを言えば、たとえたった一人いても困るのである。燦々《さんさん》と太陽が輝き、花の香りが満ちている野原を好き勝手に歩き回りましょう、ということならどんな人が参加してきてもいっこうに困らないが、たとえば野球の試合をしようというとき、チームに一人でも野球のルールを知らない者がいれば困るのと同じである。その一人のために野球の秩序が崩れ、試合ができなくなってしまう。本能にも神にも依らず、人為に依る秩序を維持するためには、あますところなくすべての人間が完全でなければならない。そこで、近代理性人は、自分と同じような理性をもっておらず、参加させれば社会の秩序を乱しかねない者として、子ども、異常者を発見し、教育や治療によって彼らを理性人に変えるまで社会から排除し、隔離したのである。そして、ご苦労なことだが、この普遍妥当な理性によって全世界を秩序づけなければならないという理想に燃えて（この理想が実現しないかぎり、世界における彼らの終局的安定感は得られないから）、わざわざ遠く地球のあちこちへ出かけて行き、未開人を発見し、彼らを文明人、理性人にしようとした。

　この近代理性人は、言ってみれば自分を神になぞらえ、理性によって世界を創造し、支配できると考えたわけで、一種の誇大妄想狂と言えよう。ご存知のように、この近代理性人という名の誇大妄想狂は近代以降、数多くの侵略や戦争や植民地化の惨禍を人類にもたらし、今や人類を何回も絶滅できる原水爆を抱えた諸国家が対立する世界を出現させている。軍縮の話し合いをいくらやっても結実しないことが証明しているように、理性に頼るかぎり、この袋小路からの出口はない。

　おとな、文明人、正常者の絶対的価値が疑われはじめたのは、このことがだんだんとわかってきたことと関連があるであろう。果てしない軍拡をつづける文明国のリーダーが、おとなで文明人で正常者であることは間違いないからである。反精神医学によって精神病者が見直され、文化人類学によって「未開」文化が何ら未開ではないことに気づかれてきているが、子どもというものが昔からあったものではなく、近代において発見され、つくられたものであることが問題になっていることも、一連のことであろう。

今や子どもは、おとなへと教育しなければならない未熟な存在というより、おとなの欠陥を逆照射する鏡となった。と言って言い過ぎであれば、少なくとも部分的にはそのように見られはじめている。しかし、3おとなのネガでしかない子どもを基準にすることもできないであろう。本能が壊れたために本能に頼れず、神が死んだために神に頼れず、今や理性も頼りにならないとしたら、人類はどうすればいいのであろうか。このようなむずかしい問題に明快な答えをもち合わせているわけではないが、ネガとしての子どもを必要としないようなおとな、おとなのネガではないような子ども、4つまり現在のおとなでも子どもでもないような新しい人間が必要なのではなかろうか。

そのためにはまず、現在のおとなの解体が必要であろう。昨今、おとなになりたがらない若者がふえているようであるが、この現象は、この観点からすれば、むしろ好ましい現象かもしれない。しかし、そのような若者はおとなのネガとしての子どもに過ぎず、誰かほかの人がおとなの役割を演じてくれることを前提とした上での子どもであるから、そのような子どもの解体も必要であろう。

（岸田秀「子どもとは何か」より）

〈注〉念珠……数珠のこと。

問一 空欄部 A ～ F を、次の①～⑩の語を用いて埋めるのに、最も適当な組み合わせを、次のア～オの中から一つ選べ。

① おとな　② 文明人　③ 子ども
④ 個人　⑤ 秩序　⑥ 理性　⑦ 神
⑧ 本能　⑨ 完全　⑩ 天

	A	B	C	D	E	F
ア	②	⑥	⑦	⑨	④	⑩
イ	④	⑦	⑦	⑥	⑥	⑦
ウ	③	⑨	⑧	④	④	⑤
エ	①	⑤	⑧	⑥	⑩	⑦

オ　②－⑥－⑥－⑦－④－⑦

問二　傍線部1「中世的な宇宙の秩序」とは、どういうことか。最も適当なものを、次の中から一つ選べ。

ア　唯一絶対の神に基づいて個人を再建することで、世界を調和させること。

イ　普遍妥当な理性と唯一絶対の神との折り合いをつけることが、世界の安定となること。

ウ　普遍妥当な理性の上位に唯一絶対の神を想定することで、世界を統率すること。

エ　唯一絶対の神にゆだねておくことが、世界の安定した維持になること。

問三　傍線部2「近代的意味における労働」とは、どのような労働か。最も適当なものを、次の中から一つ選べ。

ア　社会の構成員たる個人が自らの意志で成立させる労働。

イ　社会の構成員たる個人が天の恵みを利用して行う労働。

ウ　社会の構成員たる個人が秩序を再建しながら行う労働。

エ　社会の構成員たる個人が普遍性をめざして計画する労働。

問四　傍線部3「おとなのネガでしかない子どもを基準にすることもできない」のは、なぜか。最も適当なものを、次の中から一つ選べ。

ア　子どもは、おとなの一部分を代弁する存在にすぎないから。

イ　子どもは、おとなとの異質性を強く持ちすぎているから。

ウ　子どもは、すでに無効となったおとなの概念によって成立しているから。

エ　子どもは、おとなの欠陥を逆照射するものにすぎないから。

問五　傍線部4「現在のおとなでも子どもでもないような新しい人間」とは、どのような人間か。最も適当なものを、次の中から一つ選べ。

ア　おとなになりたがらず、子どもであることも拒否する人間。

イ　新しい本能、新しい神、新しい理性を築き上げようとする人間。

ウ　おとなと子どもを分化させる以前の、唯一絶対神に支えられた秩序を志向する人間。

エ　理性を絶対的なものとする考え方から解き放たれた人間。

問六　次のア〜オのうちで、本文の論旨に合うものをAとし、合わないものをB、とせよ。

ア　近代理性人は、神や本能に代わる力として、理性を絶対化させた。

イ　近代理性人が未開人を「文明化」させるのは、神中心の世界観を恐れたからである。

ウ　現在のおとなを解体することと、現在の子どもを解体することとは、本質的には同一のことである。

エ　軍縮の話し合いが実を結ばないのは、理性の普遍妥当性が、諸国家に、まだ浸透しきれていないからである。

オ　自分をおとなだと思った人間が、子どもに、おとなの欠陥を逆照射する本能を発見した。

出題は上智大学経済学部（一九九六年度）。フロイト主義の心理学者岸田秀による、「子どもの発見」と「近代」論とが組み合わさった、八〇年代思想の総括のような文章である。この本をここまで読んできた読者ならなんなく読めるだろうが、いま読むとちょっと恥ずかしい。でも、この時期、売れてる「知識人」はみんなこの手の文章を書いていたのだ。

「子どもの発見」といった言い方にももう慣れたと思うが、念のためにくりかえしておこう。

中世にももちろん子供はいた。しかし、それが「子ども」として認識されることはなかった。言ってみれば「小さな大人」でしかなかった。それが、「近代」になって、子供を「子ども」という特別な存在として認識するようなパラダイム（認識の枠組み）ができて、そこではじめて、「子ども」が大人とは違う存在、大人の対立物と見られるようになったと言うのである。これが、「子どもの発見」だ。

これは、フランスの歴史家フィリップ・アリエスの『〈子供〉の誕生』（みすず書房、一九八〇年）を踏まえた説明である。こういうことはいまではもう常識なのだが、岸田秀は「よく知られているが」の一言で済ましていて、「発見者」の名前を伏せている。そこが「恥ずかしい」のである。さっき、「売れてる『知識人』」なんて皮肉な書き方をしたのも、そういう理由からだ。

「近代」が「発見」したものはこれだけではない。その「発見」の目録をざっと挙げておくと、フロイトによる**「無意識の発見」**（人間の主人公は自分自身の主体ではなく、自分でもどうにもならない無意識だということ）、クロード・レヴィ＝ストロースによる**「野生の思考の発見」**（野生には思考がないのではなく、野生固有の思考があるということ）、ミシェル・フーコーによる**「狂気の発見」**（狂気を管理し治療すべきものとして認識しはじめたのは「近代」になってからということ）、そしてフェミニズムによる「**女性の発見**」（女性がはじめて男性と対等の「人間」と見なされたということ）などである。見えてきてよかった場合と、見えなかったほうがよかった場合と両方あるが、とにかく「近代」はいろいろなものを「発見」したのである。岸田秀の一文は、こういうさまざまな「発見」を踏まえている。

二項対立的思考の説明に入ろう。

先に、脱構築批評の説明で、『『善』は、『悪』がない限り『善』ではあり得ない」と書いた。岸田秀が、「論理的に言って子どもの発見はおとなの発見と同時であろう」と、冒頭部で述べているのは、その意味でまったく正しい。自分たちと異なる存在を「子ども」と名付けたとき、それとまったく同時に、自分たちを「おとな」として発見していることになるのだ。つまり、**他者を発見することは自分を発見することでもある**。これが、二項対立的思考の本質である。

岸田秀は、「おとな」が世界をだめにしているからといって、単純にその反対物である「子ども」に任せていいわけでもないと言う。なぜなら、「子ども」は「おとな」と相互に支え合うワンセットの存在でしかないからだ。「論理的」に言って、「子ども」は「おとな」の欠陥をも映し出しているはずである。事実、「子ども」は社会の鏡でさえある。これは、僕たちにも実感できることだ。そこで、岸田秀は、「おとな」と「子ども」という**二項対立を掲げながら、そのどちらでもないような存在に可能性を見いだそうとする**。だが、それがどういう存在かは言うことができない。あるいは、その存在を名付けることはできない。名付けたその瞬間に、既存の社会に組み込まれてしまうからだ。

というわけで、岸田秀の文章は、名付けられないものを結論とするスタイルにおいて、いかにも**公式通りの脱構築批評**になっている。脱構築批評にできるのは、ここまでなのだ。柄谷行人と岸田秀が、新しい世界観を提案せず、既成の「秩序」を「潰す」ことや「解体」することを結論とするのも当然なのである。

脱構築批評はあくまで「近代」批判のための批評であって、何かを作るための批評ではないのだ。しかし、この章のはじめで述べたように、「現代」という時代は、脱構築批評が「近代」を批判し「解体」したその向こうに、かすかに見え始めている。脱構築批評による「近代」批判は、「近代」が「現代」に生まれ変わるための陣痛のようなものなのかもしれない。

ただし、この岸田秀の文章は、「近代」批判の一つのパターンだとはいえ、中世ヨーロッパをユートピアのように考えていて、実のところ「昔はよかった」ふうのかなり保守的な感性によって書かれている。こういう人には、「近代」以前には戦争や殺戮は一切なかったのかと聞いてみたい気がする。たとえば、中世ヨーロッパの魔女狩りが何十万人もの命を奪ったらしいことは、それこそよく知られている。この文章は、「近代」批判にありがちな危うさをよく示している。

このあたりで、設問に入ろう。

問一。こういう設問のしかたはたまに見かけるが、すべての空欄がわかる必要がないことは言うまでもない。組み合わせを見ると、二つ続けて他の選択肢と同じ言葉が入るようにはなっていない。ということは、どこでもいいから二カ所連続で決定できれば「正解」が出るということだ。空欄の位置によっては、一つ確定できるだけでもいい。

この文全体が、〈人は中世には「神」を信じていたが、「近代」になってからは「理性」を信じるようになった〉と述べているから、空欄E、Fあたりが解きやすい。六十九〜七十行目に「普遍妥当な理性」とあり、七十六〜七十七行目に「近代理性人は、言ってみれば自分を神になぞらえ」とあるから、空欄Eは「理性」で、空欄Fは「神」である。これで、もうイが「正解」とわかる。あとは、他の空欄も合うかどうか確認すればいいだけだ。空欄Eに自信があれば、これ一カ所でイと決められる。複雑そうに見えるわりには簡単である。

ちなみに、僕は空欄だけをざっと見て、選択肢を見ないでも空欄Cがわかった。「**うちなる神**」という言い方は、慣用表現ほどではないにしろ、よく見かける表現だからだ。これでアかイに絞れる。あとは、他の空欄にアかイの指示する言葉を入れてみればいいわけだ。

問二。この文章では、「個人」や「理性」は「近代」の産物と考えられている。したがって、この二つの言葉が「神」と絡んだ形で出てくるア、イ、ウはいずれも誤答である。「正解」は、「神」だけについて述べたエである。

問三。「労働」については、今村仁司の文章（過去問②）で学んだ。イの「天の恵み」、ウの「秩序」、エの「普遍性」、いずれも中世に属する言葉だ。「近代」の説明になっているのはアだけである。

問四。〈おとな／子ども〉の二項対立が理解できていれば、アとイが見当違いであることはすぐにわかるはずだ。問題はエである。本文にも「子ども」は「おとなの欠陥を逆照射する鏡」（九十八〜九十九行目）だと書いてある。だから、ほとんど「正解」に近いのだけれど、ただ選択肢の「逆照射するものにすぎない」の「すぎない」のところが間違っているのである。「すぎない」とは言っていない。そこで、「子ども」と「おとな」はワンセットになっているという二項対立的思考が理解できていれば、「正解」はウとなる。「おとな」が駄目なら「子ども」も駄目なのだ。

問五。岸田秀の文章が、「理性」中心主義批判を主旨としていることをまず押さえておく必要がある。その上で、「新しい」人間の登場を期待するのだ。とすれば、「昔に返ろう」と述べるウがまず落ちる。また、「本能」と「神」は近代以前の行動原理で、「理性」は近代の行動原理なのだから、この三者がごちゃ混ぜになったイも落ちる。

問題はアである。これをよく読んでみよう。「おとなになりたがらず」と言うのだから、これは要するに「子ども」である。「子どもであることも拒否する人間」とあれば、やっぱりそもそも「子ども」である。ところが、岸田秀は「ネガとしての子どもを必要としないようなおとな、おとなのネガではないような子ども」（百七〜百八行目）と言っている。要するに、現実にはあり得ないような人間を「おとなでも子どもでもないような新しい人間」と言っているのだ。脱構築批評らしい結論である。だから、ものすごくよくできたダミーだが、アも間違い。エが、「理性」からの「解放」を説いていて「正解」である。

問六。だいたいの目安だが、一つの問題には十から十五ぐらいの解答欄がほしい。これより少ないと受験生の時間が余ってしまうし、一つの設問の配点が高くなりすぎて実力がきちんと計れないからだ。ところが、実にシンプルな構成の問題文を選んでしまったために、この問題ではここまでに五つの解答欄しか作れていない。そこで、こういう形式の設問が登場したのである。**本文との合致を問う設問は全体の問題数が足りないときに苦し紛れに作るもの**だと思っていい。もちろん、こんな知識自体は何の役にも立たない。しかし、「ハハーン、出題者は苦労してるなぁ」と思えることは、心のゆとりを生む。だから、知っておくと得をする（かもしれない）。

アは本文と合致しているのでA。イは「神中心の世界観を恐れた」のところが間違いでB。ウはA。エは「理性の普遍的妥当性」以下が間違いでB。オは「本能を発見」のところが間違いでB。なお、**本文との合致を問う設問では、合致する選択肢の数は間違いの選択肢の数より少ないのがふつう**だ。なにしろ、引っかけて落とすのが入試なのだから。

さーて、これで脱構築批評のエキスパートになれただろうか。やっぱり、熱が入りすぎて少し説明が長かったかもしれない。例によって参考文献を挙げておこう。

竹田青嗣『**現代思想の冒険**』(ちくま学芸文庫)

この本の前半では、ポストモダンの思想が実に手際よく解説されている。デリダの思想は突然現れたのではなく、二項対立的思考を突き詰めた構造主義の息苦しさから逃れるために、同時代の他の思想と見えない形で手を携え、ある種の必然性を帯びて現れたことがよくわかる。柄谷行人の文に出てきたボードリヤールについても知ることができる。

本田和子《ますこ》『**異文化としての子ども**』(ちくま学芸文庫)

日本の「子供学」のブームに火をつけた書物。レヴィ=ストロースが野生に固有の思考を「発見」したように、本田は「子供」に固有の思考を「発見」し、「大人」の世界観への挑発を試みる。「『べとべと』の巻」などという章のタイトルを見るだけでも、この本の面白さがわかろうというもの。

第三章

視線の戯れ

――自己

僕たちはふだん何の疑問も持たずに自分を自分だと思っている。もし、自分が自分だと思えなくなったらかなりアブナイ状態だと言える。しかし、自分が自分であることはそれほど自然なことなのだろうか。

考えてみると、僕たちは自分というものを維持するために膨大なエネルギーを使っているような気がする。「自分とは何か」などというとうてい解決できそうもない大問題にぶち当たらなくても、日々生きることそのものが自分との闘いであるとさえ思えてくる。ある日突然別人に生まれ変わることは難しいが、いつも自分が自分でいることも、それと同じくらい困難な課題なのではないだろうか。

たとえば、もう記憶もないような幼い頃の写真を見せられて、「これがあなただ」と言われたら、僕たちはそれが自分だというリアリティを持てるだろうか。こんなとき、僕には時間が自分をどんどん風化させていくように思える。しかし、だからと言って、いまここにいる自分だけを自分だと感じることもできない。時間の蓄積が自分を現在の自分に育てたという実感もまた僕のものだからだ。しかし、その実感はいったいどこから来るのだろうか。何が、その実感を保証するのだろうか。

もし、幼い自分の写真を見せたのが見も知らぬ人だったらどうだろう。あるいは、それと知らずに幼い自分の写真を見たらどうだろう。僕たちの自分に対するリアリティはますます希薄になるに違いない。こう考えると、幼い自分の写真に感じたかすかなリアリティは、実はそれを自分に見せた他者が保証していたことがわかる。だが、まったく見知らない国に連れて行かれて、「あなたは誰か」と聞かれたらどうだろう。自分を誰も知らないところでは、僕たちは自分を自分だと認めさせることさえできないはずだ。他者なら誰でも自分のリアリティを保証してくれるわけではないのだ。とすれば、写真のリアリティは、それを見せた他者と自分との関係が保証していたことになる。つまり、自分はある特定の他者との関係によって支えられているのだ。身近な人たちが僕たちを「あなた」だと思い続けてくれることが、そういう人たちの**記憶が、僕たちの自分を支えている**のだ。

アイデンティティ（**自己同一性**）**は、自分が自分であると、自分自身で確信できることによって得られる**ものだと言われている。でも、それらはずいぶん不確かな実感によって得られるものだ。その不確かさを、いささかでも強固なものにしてくれるのが、自分を見る他者の存在なのである。自分を見ない、つまり自分にまったく関心を示さない他者は、アイデンティティを保証しない。だから、アイデンティティにはもう一つの側面があることになる。それは、先のような**アイデンティティの「確信」は、ある特定の他者がそれを承認していると感じることによって得られる**ということである。

論理的に言っても、二項対立的思考から見れば、**自分の発見は他者の発見と同時でなければな**

らないから、自分が他者に支えられているということは当然のことなのである。このことは、心理学や社会学の常識ではあるけれども、ふつうには気付かれにくいことがらだ。

僕たちはふだん何気なく自分を生きているが、昨日の自分と今日の自分、あそこの自分とここの自分を同じように「自分」と感じることは、自分一人ではできない、むしろたいへん難しいことなのだ。そんなに不確かなアイデンティティに、僕たちはなぜこれほどこだわるのだろうか。たとえば、近代以降現代に至るまで、多くの文学のテーマは相も変わらず「私探し」だということが、アイデンティティへのこだわりをよく示している。

それは、近代以降、他者が抽象化したからではないだろうか。常に特定の見知った他者に囲まれて生きている限りにおいて、僕たちは安定した存在でいられる。**既知の他者に囲まれている限りにおいて、自分も常に既知の自分でいられる**からである。ところが、近代社会は契約の社会だとよく言われるが、僕たちが日常的に関わらなければならない契約という行為が具体的な他者どうしによって行なわれることはむしろ希であって、多くはたとえば法人といった組織との契約が一般的なはずである。契約の手続きをするのは具体的な目の前の他者であっても、契約の主体は法人であることがほとんどだ。ここで僕たちが対峙する相手は極度に抽象化した存在だと言える。その極度に抽象化した存在を他者として認識しなければならないのが、近代社会なのである。

そういう**抽象的な他者の中で生きることは、とりもなおさず自己も抽象化されるということ**である。事実、あのときの自分といまの自分とにアイデンティティを感じないなどと言い始めたら、契約という概念はまったく成り立たない。責任のとりようがないからだ。近代の契約社会においては、自己もまたいつでもどこでも自己であるような抽象化された存在でないと困るのである。

こういう社会では、アイデンティティは抽象化され、実感から遠く離れたものにならざるを得ない。**アイデンティティは、私という存在にあるのではなく、名前という抽象的な記号に還元されてしまう**とさえ言っていい。自分の名前が自分の知らないところで自分として流通してしまう近代社会の宿命が、アイデンティティを抽象化する。もちろん、そのような社会が僕たちの自分を広大な世界へと開いたのだし、それに見合う自由をもたらしたことは言うまでもない。

こういうふうに考えると、自分は自分だという感覚、つまりアイデンティティは、自分の内側から得られるものであるというよりも、社会から与えられたものという側面のほうが大きいくらいである。極端に言えば、**自分は他者によって作られたもの**とさえ言えるだろう。この感覚が、逆に他者を必要とはしない、たしかな自己の感覚としてのアイデンティティへのこだわりを生むのに違いない。人々にさまざまな機会を捉えてアイデンティティを確認させ、実感に近づけようとする衝動を生むのだ。アイデンティティへのこだわりは、それがかなり美化されているとはいえ、近代以前の自己のあり方への希求なのかもしれない。

自分が他者に支えられているということは、その他者と関わる感覚を失ったときに、人を孤独に陥れることでもある。文学でも、ボードレールの詩集『パリの憂鬱』以来、**「群衆の中の孤独」は近代文学のテーマの一つ**である。人はたった一人では孤独を感じない。自分のまわりを取り囲んでいながら、ついに自分とは無縁の群衆を前にしてこそ本当の孤独を感じる。

この、自分とは無縁の他者の中で感じる「群衆の中の孤独」という感覚はいかにも近代的だと思えるが、都市に生きる近代人は、「群衆の中の孤独」といった感覚によってしか、もはや自分を自分だと実感できないのではないだろうか。僕たちはそういう逆説を生きている。あるいは、**アイデンティティなどという感覚自体がもはや古い**ものなのかもしれない。

さて、ここで「はじめに」を思い出してほしい。そこでは、「自己」の捉え方について、「自己とはかけがえのない個別なもの」という考えから、「自己とは他者との関係によって成り立つもの」という考えを経て、「自己とは他者である」という考えまでの幅があることを指摘しておいた。この章での説明は、この幅の中間から後半に比重を置いてなされたことになる。学校空間では、「かけがえのない自分」ということがあたかも標語のように語られることが多いが、それだからこそ、**大学入試ではその逆に「自己とは他者だ」という主旨の評論が好んで出題される**。以下の問題も基本的にはそうなっている。ただし、二題目はこの幅そのものを問題にしている点でなかなか手強い。

【過去問⑤】自我を癒す

次の文章は自然愛護について述べたものである。筆者は、近年の自然への関心の高まりを支える思想として、人類の未来のために資源と環境を保護しようとする功利的な立場と、自然を自然そのもののために愛するという立場の二つがあることを歴史的に示した後、以下のように論じている。これを読んで、後の問に答えよ。

近代にいたって多くの人びとは自分と向かい合い、それぞれに自分の内側に孤独な自我を発見しました。一部の知識人や有力者ばかりではなく、社会の広い層を占める人が孤立を強いられ、自分の存在に気づかざるをえない状況に置かれました。産業化とともに、人びとは都市に住むようになり、契約によって他人と結ばれ、自分の労働を売って生活するようになったからです。村や家系の関係から離れ、宗教的共同体のしがらみも緩んで、人びとは自由になるとともに、もっぱら自分のなしえた業績を頼りに生きることになりました。業績本位の社会では、人間は自己を拡張する機会に恵まれる一方、たえず生存の危機に直面するわけで、いやでも自分が自分であることを痛感せざるをえない立場に置かれます。

こうした状況のもとで、やがて新しく生まれた中産階級を中心に、近代人は自分を世界の中心として自覚し、控えめにいっても、世界と対峙《たいじ》する誇り高い存在として感じはじめました。近代の自我は、自然を含む世界のすべてを認識する主体であり、自分自身を支配し、世界を変革していく意志の中心になりました。そして、この誇り高い自我こそ、政治的には自由主義の根拠となり、哲学的には人間中心主義の新しい支えとなったものですが、しかし裏返せば、これはまことに不安な孤独感に満ちた存在でした。それはたんに、他人から孤立し、相互の無関心のなかで孤独を味わうばかりでなく、長い時間のなかで、自分の人生がより大きな生命の一部である、という実感を失うことになったからです。

近代の自我は、親から子へ、子から孫へつながる血統に反逆し、しばしば父権にさからい、家を捨てて出ていく英雄的な存在でした。しかし、それは見方を変えれば、個体が永続する生命の鎖から切り放され、種族維持によって支えられる生物的な生命から見捨てられた、ということでもありました。人間もまた一個の生命体であり、生物の宿命を内にひそめて生きている以上、このことはたぶん、意識の底のもっとも深いところで、人間に不安を感じさせるものであるにちがいありません。

だとすれば、(1)この不安は当然、人間になんらかの永続する生命の象徴、いいかえれば、生命の永続性のイメージというものを、あらためて求めさせたはずです。そのさい、黒々とした巨大な森や、一本の楡《にれ》の巨木は、それが自然であるがゆえに近代人の自我に直接の挑戦をすることなく、しかも象徴的なイメージとして、個体を超えた生命の実感をあたえてくれます。具体的な親子関係には反逆し、家系のしがらみには嫌悪を覚える誇り高い自我も、亭々《ていてい》として聳《そび》え、言葉もなく数百年を生きた巨木のまえには、安心してひざまずくことができたはずです。十八世紀のドイツの哲学者カントによれば、人間は現実に身に迫る危険なしに、ただイメージとして生命への脅威を見るとき、そこに崇高美を感じるといいます。おそらくはそれは、自我が現実の敗北の危険なしに、しかもより大きなものへの従属を認めるときにも、感じられるものであるにちがいありません。

(2)これと並んで、同じ不安はまた、自我が自分よりも小さな自我と対面し、いわば危険のない対話をかわすことによっても、大いに和らげられることになるはずです。自我にとって最大の脅威は、つねに自分の隣にいるもうひとりの自我であって、日常世界のなかでは、人はたえず視線の相克のなかでおびえたり、苛立《いらだ》ったりしています。二つの自我はたえず相手を「もの」として眺め、自分につごうのよいレッテルを貼《は》り合って、相手を自分の視野のなかに支配しようと闘っているものです。そういう避け難い近代的自我の葛藤《かっとう》のなかで、人はふと一匹の犬や猫と向かい合ったときに、そうした闘いから脱出した安心を感じることができる、と考えるのは不自然ではないでしょう。

　愛玩《あいがん》動物を飼う理由について、世間はとかく、小さな動物たちの混じりけのない忠誠心を重視しがちです。この嘘《うそ》に満ちた利害社会のなかで、彼らの偽りのない純粋な心が尊重にあたいするというわけです。しかし、たとえば猫を飼う多くの人が知るように、愛玩動物の魅力は必ずしも単純な忠誠心などではなさそうです。ときには、彼らが人間にささやかにすねて見せたり、嫉妬《しっと》を抱いたり反抗を示したりすることが、かえって魅力となるのだとはしばしば耳にするところです。

　けだし、動物愛好家は動物を擬人化し、それに自分と同じ心の動きを見いだして喜ぶのですが、そのなかには明らかに、自分を見返してくる主体的な視線もはいっているはずです。人間が愛玩動物に求めるのは、二つの主体の交流の可能性であって、けっして相手を奴隷化したり、「もの」を所有したりする喜びではありません。もちろん、世間には血統書付きの名犬を所有し、馬車馬を奴隷あつかいして喜ぶ人もありはします。しかし、たとい一度でも捨て猫を拾って、それと目を見かわした人なら、これが本来の動物愛と無関係であるのは説明するまでもないでしょう。

　いってみれば、愛玩動物を愛する人びとは、そこにある種の対等な自我関係のミニチュアを見いだし、(3)現実社会のあの視線の相克のお芝居を楽しんでいると考えざるをえません。それが楽しめるのは、幸いなことに、動物はいかにこまやかな感情を持っていても、けっして人間と同一の社会に属してはいないからです。人と犬、人と猫の関係はどこまでも一対一の閉ざされた関係であって、そこから生まれたどのような感情も、別の人間や別の動物のあいだに広がって、社会化するおそれはありません。現実社会で人が真に恐れるのは、ひとりの相手にどう見られるかということもあるが、それ以上に、その判断が第三者に広がり、世間の評価として定着することではないでしょうか。無言の動物と向かい合う場合には、その危険がないどころか、人は積極的に人間社会に背を向けて、つかのまの小さな愛の空間をつくることができます。それはどこか、忘我的でいささか反社会的な、人間どうしの恋の初期状態に似ているとさえいえるかもしれません。

このように見ると、人間の情緒的な自然愛は、たぶん産業の維持のための自然保護以上に、近代という時代の特有の文化であったように思われます。それは人間中心主義や、その中核をなす自我中心主義と矛盾するものではなく、逆にその直接の副産物であり、(4)それを補完するものと見たほうが、常識的に納得しやすいのです。

（山崎正和『近代の擁護』による）

問一　傍線部分（1）「この不安」とはどういう「不安」なのか、説明せよ。

問二　傍線部分（2）「これ」の指す最も適当な部分を文中から抜き出せ。

問三　傍線部分（3）「現実社会のあの視線の相克のお芝居を楽しんでいる」とは、どのようなことを言っているのか、「お芝居」という語を用いた意図を含めて説明せよ。

問四　傍線部分（4）「それを補完する」とは具

体的にどういうことか、文章全体の主旨に即して説明せよ。

出題は筑波大学（一九九九年度前期日程）。また近代論かとやや食傷気味かもしれないが、とにかく現在の大学受験国語ではこれが大流行なのである。今回は、僕たちには見慣れた近代論に、自我論と自然愛論とが組み合わさっている。

はじめの部分には、〈個人／共同体〉というあのお馴染みの二項対立が組み込まれ、**「自我」を「世界」の中心でありかつ「認識」の「主体」であると考えるような世界観の成立**を、近代特有のものとして指摘している。半ばから後半では、なぜその誇り高き「近代の自我」が、いったん客体として見捨てた「自然」に愛情を抱くのかという矛盾した事態について論じている。山崎正和は、近代人の「自然愛」を、〈近代的自我の不安定を、動物という擬似的他者との関わりによって乗り越えようとする「近代という時代の特有の文化」だ〉と結論するのだ（主題文）。ここにも、自己は他者（擬似的他者）によって支えられるとする構図を見て取ることができる。

これだけのことを確認して、設問を解いてみよう。

問一と問二はいずれも指示語の設問である。本文はとくに難解でも悪文でもないし、どちらの「これ」もすぐ直前の記述を指していて、拍子抜けするくらいやさしい設問だ。

問一は、作文しなければならない分だけ難しく感じるだけである。**指示語の問題は、基本的には指示語の場所に代入できる形にすること。**具体的には、三十三行目から四十一行目までの範囲の記述をまとめることになる。素直に「個体が永続する生命の鎖から切り放され、種族維持によって支えられる生物的な生命から見捨てられたことによる不安。」でいい。もう少しひねりを加えるなら「人間もまた一個の生命体であり、生物の宿命を内にひそめて生きているのに、そういった宿命から切り放されたことによる不安。」でもいいと思う。「説明せよ」という設問の指示にもっと忠実に答えるなら、「近代になって、個体が生命の連続性から切り離されたことによる不安。」とでもなろうか。あんまり変わり映えしないかな。

問二は問一を踏まえている。この「不安」を「大いに和らげる」(六十二行目)ようなことがらを、傍線部(2)の「これ」以前から代入できる形で抜き出せばいい。「より大きなものへの従属」(五十七〜五十八行目)だけだとやや不十分。「自我が現実の敗北の危険なしに、しかもより大きなものへの従属を認めるとき」だと必要にして十分である。「安心してひざまずくこと」(五十二行目)が出てくると少し厄介だが、ここはまだ具体例を述べているところで、傍線部(2)の「これ」の解答としては不十分である。

問三。「視線の相克」という表現は六十五行目にも出てくる。五感は、味覚、触覚、嗅覚、聴覚、視覚の順で知覚する対象を近くから遠くへと突き放すことができる。つまり、**視覚は五感の**

中でも最も対象化作用の強い感覚で、いわば対象を冷たく認識できるのである。「触れあう感覚」のような暖かさは、そこにはない。人は「見る」ことによって、お互いを、自分にとって遠い存在、すなわち冷たい客体に仕立て上げようとしているのだ。サルトルというフランスの思想家は、**他者とは視線のことだ**とさえ言っている。それが「視線の相克」である。

さて、そこで傍線部(3)を読んでみる。この文章で注意すべきことは、「現実社会のあの視線の相克」までがひとまとまりであって、「現実社会の……お芝居」ではないということだ。〈「愛玩動物を愛する人びと」は、「現実社会のあの視線の相克」を「愛玩動物」相手に「お芝居」として「楽しんで」いる〉と言っているのだ。このことを踏まえて、六十行目から百十五行目までの範囲の記述をまとめながら説明すればよい。その意味で、記述問題としては難易度は高くない。

解答は、まず人間どうしの関係を述べ、次に愛玩動物との関係の違いを説明して、それが「芝居」であるゆえんを言えばいいだろう。「人間どうしの関係は、自我の葛藤を経て、互いの評価が社会化する恐れがあるが、愛玩動物との一対一の閉ざされた関係ではその危険を冒す恐れがない状態のまま、主体の交流という対等な自我関係のまねごとができるということ。」この答案で減点されることはないと思う。

問四。まず傍線部の「それ」が「人間中心主義」を指すことを押さえる。その上で、「人間の情緒的な自然愛」が「人間中心主義」のどういう欠点を補うのかを説明すればいい。ほぼ全体の主旨をまとめなさいという設問と考えていい。「近代の人間中心主義は、自我を世界から自立させる一方で、自我を個体が永続する生命の連鎖から切り離して孤立させる不安をも招いたが、人間の情緒的な自然愛は、より大きなものへの従属や自分よりも小さな自我との交流を通してこの不安を癒すことで、人間中心主義に欠けている点を補うものだということ。」

山崎正和が行なっているのは、自然愛は「自然に帰ろう」というメッセージなどではなく、むしろ人間中心主義から生み出されたものだとするユニークな説明である。この説明に従えば、環境保護運動なども人間が自分の「安心」のために行なっていることになる。近代人の業の深さを突いた文章だ。

次の問題を解こう。

【過去問⑥】近代的自我からの脱却

次の三つの文章(A・B・C)を読んで、あとの問いに答えよ。

A　「行きたくない学校、帰りたくない家庭」という問題状況が存在している。子どもにとって学校とは何か。いったい、子どもたちは何のために学校にくるのか。

子どもたちは、掃除をするためにくるのでもないし、また、校則を守るためにくるのでもない。いわんや、体罰を受けるために、学校にきているのではない。

子どもたちは、「まなざしでの交わり」を求めてきている。明るい、微笑と共感のまなざしが、自分の身にかけられることを求めてきているのである。微笑のまなざしで、自分の身体（固有名詞）に呼びかけられ、自分の存在が認められることを求めているのである。

一般的なことばではなくて、「○○君、今日は、目が生き生きしている！」「顔が輝いている！」と固有名詞と身体にまなざしがかけられるとき、子どもたちは、自分の存在が認められ、あてにされている（期待されている）という「居場所《アイデンティティ》」体験を、最初にもつことができるのである。

だれからも、まなざしが身にかけられないとき、その子どもの所在はない。安心して身をおくことのできる居場所はなくなる――やがて「不登校」にもつながっていく。

自分の存在証明・存在感（アイデンティティ）というものは、他人との関わりのなかで、自分の身体表情が微笑のまなざしで承認されたときに、はじめて確認され、実感されるのである。

「アイデンティティにはすべて、他者が必要である。誰か他者との関係において、また、関係を通して、自己というアイデンティティは現実化されるのである。この考え方によって、アイデンティティの問題は役割の問題にも結びつくのである。」

（中村雄二郎『術語集』）

右の指摘からも、あきらかなように、子どもたちの存在感は、教師によるまなざしをほかにしては成立しない。そして、「微笑みかける――微笑みかえす」という表情関係をとおして、しだいに「あてにする――あてにされる」という役割期待とそれへの応答反応という相互作用の教育へと発展していく端緒が、そこにあるといえる。「やる気になる」(存在感)のは、「あてにされている」という役割期待とそれへの応答として成立するのである。応答しあう相互作用への第一歩が、まさに、「表情する身体」としての子どもたちにかける、われわれ教師の熱い表情(まなざし)なのである。

だれからも、まなざしがかけられない、あてにされない、期待されないとき、その子どもに居場所はなくなり、「登校拒否」にもなるのである。「登校拒否」児は、決して特定の性格、病状、心因の子どもではない。文部省も見解を変更したように、それは、学校に「心の居場所」がないときには、だれにでも起こりうることなのであり、したがってそれは決して「克服できない」問題ではない。

(1)「まなざしの人間学」のもつ意義が、いっそう強調されなくてはならない。「表情《まなざし》する身体」に対して、教師が率先して(2)「まなざしを固有名詞(身体)にかける」という、まさに、人間教育の原点が、いま、緊急に求められているのである。

(吉本均『教室の人間学』による)

B まど・みちおさんに会った。

童謡「ぞうさん」の作詞家で知られる。

ぞうさん
ぞうさん
おはなが　ながいのね
そうよ
かあさんも　ながいのよ

大人もこどもも知らない人はいないだろう。作曲は團伊玖磨だ。

ぞうのこどもと母親の仲よしこよしの歌と思っていた。

「そうではないのです。ぞうの子が鼻が長いとけなされている歌なのです」

それでもぞうの子はしょげたりしない。むしろほめられたかのように、一番大好きな母さんも長いと、いばって答える。

「それはぞうが、ぞうに生まれたことはすばらしいと思っているからです」

ぞうに限らない。ウサギもイワシもスズメも草や木も、地球に住む生き物たちすべてが自分であることを喜んでいる。人間だって、そのなかの一員である。これが、(3)まどさんの「ぞうさん」哲学なのだ。

アイデンティティーとか「自分探し」といって、自分の存在証明に躍起になることもない。「あるがまま」でいいのだ、といっているように思われる。

人間も他の生き物も、それぞれに違いがあるからこそ意味がある。違うものたちがその違いを生かして助け合うことが最善のみち。みんながみんな心ゆくまでに存在していい、共生の考え方だ。

まどさんは相手の傷や痛みを自分で引き受けてしまう。そんな詩を読むと、何か途方もなく大切なことをなおざりにしたままでいることを気づかせてくれる。

（「朝日新聞」一九九八年六月一日付の社説による）

C アイデンティティが多様化し、非一貫的なものになったということは、アイデンティティがなくなった、ということを意味しない。アイデンティティのオプションが増えた、ということを意味する。同時に、「このわたし」と「あのわたし」との間に同一性（アイデンティティ）がないということを意味する。「このわたし」と「あのわたし」に「わたしはわたし」なぞという鈍重な「同一性」などなくていっこうにかまわないが、しかし、(4)「このわたし」と「あのわたし」の間を泳ぎわたる個人は、それだけ個性化・自由化したのだろうか？

「あのわたし」「このわたし」になりたい人は、

ほんとうに「他の誰でもないわたし」になりたいのだろうか。近代の「個人」という概念は「他の誰でもないわたし」という悪夢を生み出した。ほんとうのところ、「他の誰でもないわたし」は、人々の存在を保証するどころか、存在の根拠を脅かす。

「他の誰にも似ていない」ことは、不安のタネになる。「わたしはわたし」という一貫性のある「近代的自我」は、どこでも同じ顔をした鈍重な自我だが、逆に言えば状況超越的な(5)骨のある自我でもある。脱近代人は、この強迫神経症的な「近代的自我」概念からスルリと逃げるが、代わりに万華鏡のような状況の迷路に入る。どの鏡に映るのが「ほんとうのボク」だろうか？　イッキ呑《の》みのコンパでノラないのはダサイし、またフォーマルウェア着用のパーティにジーンズであらわれるのはクサイ。「ボクって何？」という問いに答える前に、とっくに状況を生きてしまっている。こういう個人はとらえどころがないが、それはたんに観察者にとってだけだろうか？　脱近代人は「ボクって何？」という問いに悩まなくなったが、その代わりその答えも失ってしまった。

「アイデンティティ」が「近代人」のキイワードだとしたら、「脱近代人」のキイワードは何だろう？　〈私〉というものが、それを容れる社会ごと、これまでの概念ではとらえられないようなしかたで、急速に変容していっているように見える。だがアイデンティティを回復しようなんてアナクロ的なかけ声はやめてほしい。むしろ時代の変動をクールな眼で見すえながら、時代にサバイバルする方策を考えよう。そろそろ「近代」的な思いこみから自由になってもいい頃じゃないだろうか。終わりつつある「近代」もろとも淘汰《とうた》されないために。時代に内属しながら、時代の水位からアタマ一つ抜け出した見通しのいい知性で、(6)時代の野辺送りをやってやりたい。

（上野千鶴子『増補〈私〉探しゲーム』による）

問一　傍線部(1)において、「いっそう強調されなくてはならない」とあるが、なぜ、「いっそう」といっているのか。わかりやすく説明せよ。

問二　傍線部(2)「まなざしを固有名詞（身体）にかける」とは、具体的にはどうすることか。

問三　傍線部(3)「まどさんの『ぞうさん』哲学」とはどういうものか、わかりやすく説明せよ。

問四　傍線部(4)「『このわたし』と『あのわたし』の間を泳ぎわたる個人」とは、どのような個人のことをいっているか。簡潔に説明せよ。

問五　傍線部(5)「骨のある自我」とあるが、どういう意味で骨があるといっているか。わかりやすく説明せよ。

問六　傍線部(6)「時代の野辺送りをやってやりたい」とは、どうすることか。簡潔に説明せよ。

問七　A・B・Cの文章は、いずれも、アイデンティティに関わって論が展開されているが、それぞれにおいて、アイデンティティをどのような観点からみようとしているか。それぞれの違いが明確になるように、一五〇字以内で説明せよ。

出題は滋賀大学（一九九九年度前期日程）。アイデンティティについて立場の異なる文章を組み合わせて問う、なかなか高級な問題だ。上野千鶴子の手強い文章が最後に置かれ、設問もこの文章に集中している。出題者は上野千鶴子の文章に一番思い入れがあるらしい。

Aの文章は「まなざしでの交わり」を説き、「視線の相克」が近代人の特質だと言う先の山崎正和の文章とは好対照をなしている。Aの文章は、アイデンティティが他者の承認によって成り立つという側面を、最も幸福な事態として捉えているのである。そこで「応答」がキーワードとなる。Bの文章は人々が互いに「あるがまま」でいられることを「共生」と呼ぶ。ABともに、他者との人間関係にユートピアを見ている。

僕がAB二つの文章を読んで思い浮かべるのは、鷗友学園という東京の世田谷区にある私立の女子校に関するルポだ。この学園は以前荒れていたが、さまざまな努力によっていまや一流の進学校として蘇った。その活動の中心が「アイデンティティの確立をめざすホームルーム」だと言うのだ（中井浩一『高校が生まれ変わる』中央公論新社、二〇〇〇年）。なるほど、AB二つの文章を読むと、アイデンティティがいかに学校的概念かが悲しいほどにわかる。学校教育はアイデンティティの確立のためにあると言ってもいいくらいだ。

それに対して、Cの文章はシニカルである。アイデンティティに自己の中心を見る近代人のあり方を「鈍重な自我」とまで呼び、この「近代的自我」におさらばしようと言うのだ。アイデンティティやあるがままの自分を大切にしようと呼びかけるAの文章もBの文章も、ひとたまりもなくぶっ飛ばされることになる。上野千鶴子が標的に想定しているような類の文章をわざわざ見つけてきて、それをひっくり返す。なんと意地悪な問題か！

誤解のないように言っておくと、僕自身は、個人の内面を管理しない限りにおいて、アイデンティティの確立をはかるのは学校での重要な仕事の一つだと思っている。先の鷗友学園での試みは、僕には立派な成功例だと思える。その上で、さまざまな「オプション」(選択肢)が見えてきて、「近代的自我」やアイデンティティが相対化できれば、それこそが教養が身に付くということであると言える。さらに、実際にさまざまな「オプション」に身を任せられればなおいいが、ただ身を任せるのではなく、**自分がどの「オプション」を選んでいるのかが自分でよく理解できれば、それはものすごく知的な営み**である。だが、もしここまでできれば、そこはすでに学校ではないかもしれない。これが、僕の考えだ。

問一を見よう。この文章の筆者は教師であるらしい。「子供たちはいったい何のために学校にくるのか」と書いているからだ。同じ教師である僕にはこの人の言うことがよくわかる。たしかに、固有名詞つまり名前を覚えるのは、教師として最初の仕事である。先に、名前は個人を記号化すると述べた。しかし、国民のほとんどが通う学校という近代的システムにおいては、「私」という存在ではなく、**固有名詞が個別的存在としての個人を他人と切り分ける記号となる。**筆者もそう感じているからこそ、記号でしかない「固有名詞」のところに「身体」といううやや無理な注釈を付けているのだ(五十九〜六十行目)。

でも、一方で僕はこの人の言うことが欺瞞的にも見える。この人の言うとおりだとすれば、微笑みかけ、期待するだけで「不登校」をなくせる教師はほとんど神である。もちろん学校はそういう空間だ。でも、教師としてそのことに少しの恥じらいもないのだろうか。教師は必ずしも人格者ではないし、学問は少しも人格を陶冶《とうや》などしない。

それに、筆者の言うとおりにすれば、教師は子供の全人格を抱え込まなければならなくなる。くりかえすが、教師は神ではない。もし、教師が神になりうる一瞬があるとしても、それは教師個人の人格によってであるよりも、より多く学校という装置に備わっている、教師を神に仕立て上げるような構造によってである。だから、勘違いをしてはいけないのだ。

また、小さい頃の僕がそうだったように、学校には自分を放っておいてほしいと思っている子供も少なからずいる。「そういう子供にとっては、この教師は少し鬱陶《うっとう》しいだろうなぁ」と思う。僕には「金八先生」は押しつけがましい教師に見える。

ごめん、話が横道にそれた。この人は、不登校を話題にしている。そして、傍線部(1)の直前を読めばわかるように、学校に「心の居場所」があれば不登校は「克服」できると考えている。傍線部(1)の「いっそう」はこのことを言っている。解答は「不登校を克服する方法として、子供たちに学校での『心の居場所』を与える『まなざしの人間学』が、緊急に求められているから。」でどうだろう。なお、「登校拒否」という用語は現在ほぼ「不登校」に統一されている。両方が混在するAの文章は少し古いようだ。

問二。Aの文章の主旨を聞いている。〈固有名詞／普通名詞〉という二項対立を用いれば、解答にふくらみを持たせることができる。「子供たちを『児童』という普通名詞で捉えるのではなく、『〇〇君』といった『固有名詞』で期待を込めて呼ぶことで、一人一人を個性を持った個別的な存在として認めること。」きれいごとだ。きれいごとにすぎないが、最も大切なことだ。僕もそれは認める。大学にも、教師に人間として何かを期待している学生がいるからだ。実は、僕も「金八先生」になることがあるし、放っておいてほしそうな学生は放ってもおく。僕の勤める成城大学のように、私立としてはぎりぎりまで少人数教育を実践しているところでは、学生一人一人の顔がよく見えるので、幸か不幸かそれが可能なのだ。

Bの文章に移って、問三。傍線部(3)「まどさんの『ぞうさん』哲学」をわかりやすく説明せよと問うが、Bの文章に関してはこれ一問で、全体の論旨を説明的にまとめることが求められている。

肝心なのは「アイデンティティー」とか『自分探し』といって、自分の存在証明に躍起になることもない」(Bの二十四〜二十五行目)という一文である。**アイデンティティとは、結局他人と自分との差を確認することで得られるもの**なのだ。他人と同じ自分を自分とは感じられないからだ。そうでなければ「他人とは違うかけがえのない自分」という感覚は得られないはずだ。「自分探し」も同じである。他人と違う自分を見つける途方もない旅が「自分探し」なのである。この旅のゴールは決して見えないからこそ、いつまでも近代文学のテーマであり続ける。アイデンティティは他者の承認が必要だったと述べたが、それ以上に、**自分との差を感じさせる存在として、アイデンティティには他者が必要**なのだ。

その上で、Bの文章は、「みんな同じでなければならない」という全体主義への違和感を表明している。この点を踏まえて、『朝日新聞』の社説だから、いかにも『朝日新聞』っぽく道徳的にまとめればいいわけだ。「人間を含めたすべての生き物が、互いの違いを欠点としてあげつらったり、その違いにのみ自分の存在証明を見いだしたりするのではなく、互いに違う『あるがまま』の自分を認め合い、助け合う共生の思想。」間違ってはいないけれど、甘ったるい文章だ。

そこで、上野千鶴子がガツンと言うわけだ。

Cは歯切れはいいけれど、手強い文章だ。

人はいつも同じ自分でいられるわけではなく、生徒としての自分、友人としての自分、子供としての自分、教室の中の自分、カラオケボックスの中の自分などという具合に、その時々で違う自分を生きている。そういう**多様な自分をたった一つのアイデンティティ（同一性）という名の鎧（この鎧は「近代的自我」とも呼ばれている）に封じ込めるのはもうやめよう**と主張する。だから、「鈍重な『同一性』」（Cの八〜九行目）などと言うのだ。

問四。傍線部(4)直後十三行目の「『あのわたし』『このわたし』になりたい人」という一節が参考になる。これが、「『このわたし』と『あのわたし』の間を泳ぎわたる個人」なのである。「複数の『わたし』の間で一貫した同一性を持つ近代的な個人ではなく、さまざまな場面や状況ごとに異なった『わたし』を生きるような、とらえどころのない脱近代的な個人。」という解答を考えてみた。

次の「『他の誰でもないわたし』は、人々の存在を保証するどころか、存在の根拠を脅かす」（十七〜十九行目）という一節は、この文章中に説明がなく、実は難しいところだ。なぜ「他の誰でもないわたし」を求めることは「存在の根拠を脅かす」のか。本当なら、他人との差が自分の価値を決めるはずではなかったか。

実は、僕たちは何も他人とまったく違う人間になりたいわけではない。多くの共通点を持ちながら、どこか誇れるところだけ他人と違えばそれでいいのだ。**共通点があってはじめて違うところがあると言える**のである。ところが、**「他の誰でもないわたし」を突き詰めると、他者との共通点をまったく持たない完全に孤立した個人にいきついてしまう**のである。「他の誰にも似ていない」（二十行目）自分とは、完全に孤立した自分を言う。「存在の根拠を脅かす」とはそういうことだ。

問五。「骨のある自我」とはもちろん皮肉である。直前の「状況超越的」をうまく生かして答える。だいたい、問四の解答の反対を言えばいい。「どんな状況でも変わることのない一貫した同一性を持った『あるがまま』の自分を、他の誰とも違う価値のある自分だと信じる鈍感な、という意味。」出題者の意図を汲んで、Bの文章に対する皮肉と捉えた解答である。やや高等技術かな。

問六。傍線部(6)直前の「時代に内属しながら、時代の水位からアタマ一つ抜け出した見通しのいい知性」こそが、僕の言う教養のことだ。「野辺送り」は、死者を火葬場まで見送ること。「時代」とはこの場合「近代」のことを指す。記述問題の常として、「簡潔に」という指示がどの程度のものを期待しているのかが今ひとつわからないが、この程度ではいかが?「近代の終焉も近いいま、骨の髄まで染みついた近代的思考を相対化する知性を手に入れることで、近代に別れを告げること。」

問七。まとめの問題。すでにこれまでの問いでほぼ十分聞いていることだが、とにかくABC三つの文章を比べさせたい出題者の気持ちはよくわかる。「アイデンティティを、Aは、自分の身体表現が微笑のまなざしで他者に承認されたときにはじめて実感されるものと考え、Bは、他者が互いの違いをあるがままに認め合うことから生まれると考え、Cは、他者に応じてさまざまな自分を生きることができず、他者とは違う独自の自分の一貫性を求める硬直した自我と考える。」(一四六字)

くりかえすが、A、Bの文章はアイデンティティを全面的に肯定する立場から書かれているのに対して、Cの文章はアイデンティティを全否定している。僕たちにとってA、Bの文章はごく自然なものに見えるが、Cの文章をぶつけてみると、それが一つの立場にすぎなかったことが炙《あぶ》り出されてしまう。最後の設問は、このことを確認したかったのだ。

ウーン、この章もやっぱり熱が入りすぎて長くなった。けれども、この章までで問題を解く基本は説明し終えたと思う。では、この章の三冊。

鷲田清一**『じぶん・この不思議な存在』**（講談社現代新書）

哲学者鷲田清一は次章の主役の一人だが、身体論の立場から「わたし」というものの捉え難《がた》さについて発言し続けている。この本はたぶん高校生向けに書かれたもので、常に他者との関わりの中にいる「わたし」について熱く語る。いま、抗菌グッズが大流行だが、過度の清潔志向について触れた一節など、僕たちの他者嫌悪の心性が炙り出されていて、納得させられるところが多いと思う。

上野千鶴子**『増補〈私〉探しゲーム』**（ちくま学芸文庫）

常に時代と添い寝をしてきたフェミニストの社会学者上野千鶴子の現代社会論、というか大衆としての〈私〉論である。ポストモダンの消費社会のなかで自分を見失う〈私〉についてシニカルに語る。僕は、上野の本の中では一番好きだ。

三田誠広『**僕って何**』（角川文庫）

二題目の上野千鶴子の文章に出てきた「ボクって何？」というフレイズはこの小説のタイトルをもじったもの。学生運動をちっとも熱く語らず、そのうち自分がわからなくなってしまう主人公を書いて、一九七〇年代の気分をみごとに表現した小説。このシラけ方は、君たちにも通じるものがあるに違いない。

第四章

鏡だけが知っている

——身体

フランスの哲学者メルロ＝ポンティは、ごく簡潔に「**自己とは身体である**」と言っている。なるほど、この考え方は単純でいい。だが、メルロ＝ポンティは「身体」というものが単純ではないことをよく知っていた。事実、彼の哲学は「身体」を考えることに終始したと言ってもいいくらいである。

たとえば、身体とはどこからどこまでか。「変なことを聞くなよ、皮膚の内側に決まっているではないか」と言うかもしれない。だが、それは本当だろうか。僕たちの爪、これは身体だろうか。僕たちの髪、これも身体だろうか。身体だとしよう。では、切られた爪、切られた髪、これは身体だろうか。身体だとは言いきれないが、身体でないとも言いきれない。実のところ、皮膚だって切られれば爪や髪のように再生する。切り取られた皮膚は身体か。それから……という具合に次々に身体の一部を挙げていけば、強固だったはずの身体の輪郭はしだいに溶け出してゆくだろう。

僕たちがペンを持って文字を書く。そのときペンは僕たちの身体の一部になっている、というようなことはよく言われることだ。身体感覚が、いや身体がペンの先まで延長するのだ。また、自転車や車を運転して狭い道を通り抜けるとき、僕たちは体を小さくする。自転車や車の大きさにまで拡大していた身体が、身を縮めるのである。身体は拡大し、そして縮む。

しかし、僕たちには他者の身体が拡大したり縮んだりするのを感じることはできない。感じられる身体にはいつも「自己の」という限定がつきまとうのだ。そこで、メルロ＝ポンティは「自己とは身体である」と言ったのだ。

では、自己の身体ならば自分で感じられるのか。僕たちは、ふだん自己の身体を感じていない。それは、空気のようなものだ。自己の身体を感じるときは、たいていそれが「壊れた」ときである。痛みとか痒みとか疲れとか……。それでも自己の身体の内部を感じることは、胃痛でもない限りほとんどできない。

そもそも、僕たちは自分の身体を十分に見ることさえできない。自分の顔は鏡を使わない限り見えないのだ。背中もそうだ。そこで、改めて僕たちが持っている自分の身体に関する情報を点検してみると、断片ばかりであることがわかる。それなのに僕たちは、ふつう自分と自分の身体との関係に関して不安を抱くことはない。なぜなら、身体とははっきりした境界を持った物質ではなく、イメージだからだ。いま自分はこんな顔をしているだろうというイメージが、とりもなおさず自分の顔なのである。あるいは、いま自分の顔はこんなふうに見られているのだろうというイメージが自分の顔なのである。だから、身体は他者に開かれている（鷲田清一『ちぐはぐな身体《からだ》』筑摩書房、一九九五年、を参照。この章は、文体まで鷲田清一に似てしまった）。

身体と自己との錯綜した関係をほぐしながら説くのが、次に挙げる鷲田清一の文章だ。二番目に挙げる上野千鶴子の文章は、身体と他者との関係を大衆論の視点から鋭く突く。鷲田文の設問がヘビーだと感じる人は、はじめは読むだけで、設問は解かなくてもいい。

【過去問⑦】「身体をもつ」ことと「身体である」こと

次の文章を読んで、後の設問に答えよ。

身体（からだ）は、ひとつの物質体であることはまちがいがないが、それにしては他の物質体とはあまりにも異質な現われ方をする。

たとえば、身体はそれが正常に機能しているばあいには、ほとんど現われない。歩くとき、脚の存在はほとんど意識されることはなく、脚の動きを意識すれば逆に脚がもつれてしまう。話すときの口唇や舌の動き、見るときの眼についても、同じことが言える。呼吸するときの肺、食べるときの胃や膵臓《すいぞう》となれば、これらはほとんど存在しないにひとしい。つまり、わたしたちにとって身体は、ふつうは素通りされる透明なものであって、その存在はいわば消えている。が、その同じ身体が、たとえばわたしが疲れきっているとき、あるいは病の床に臥《ふ》しているときには、にわかに、不透明なものとして、あるいは腫《は》れぼったい厚みをもったものとして、わたしたちの日々の経験のなかに浮上してくる。そしてわたしの経験に一定のバイヤスをかけてくる。あるいは、わたしの経験をこれまでとは別の色で染め上げる。ときには、わたしと世界とのあいだにまるで壁のように立ちはだかる。アわたしがなじんでいたこの身体は、よそよそしい異物として迫ってきさえするのである。

あるときは、わたしたちの行為を支えながらわたしたちの視野からは消え、あるときは、わたしたちがなそうとしている行為を押しとどめようとわたしたちの前に立ちはだかる、こうした身体の奇妙な現われ方は、さらに別の局面でも見いだされる。それはたとえば、わたしたちがなにかをじぶんのものとして「もつ」(所有する)という局面だ。なにかを所有するというのは、なにかをじぶんのものとして、意のままにできるということである。そのとき身体は、ものを捕る、摑《つか》む、持つというかたちで、所有という行為の媒体として働いている。つまり身体は、私が随意に使用しうる「器官」である。が、その身体をわたしは自由にすることができない。痛みが身体のそこかしこを突然襲うこと、あるいは身体にも《倦怠《けんたい》》が訪れることに、だれも抗《あらが》うことはできない。このことを、『存在と所有』の著者G・マルセルは次のような逆説としてとらえる。つまり、「わたしが事物を意のままにすることを可能にしてくれるその当のものが、現実にはわたしの意のままにならない」という逆説のなかに、かれは「不随意性〔意のままにならないこと〕という形而上学的な神秘」を見てとるのである。

　こういう「神秘」は、身体一般のなかには見いだされない。身体一般というのは医学研究者にとっては存在しても、ひとりひとりの個人には存在しない。身体はわたしたちにとっていつも「だれかの身体」なのだ。痛みひとつをとっても、それはつねにわたしの痛みであって、その痛みをだれか任意の他人に代わってもらうなどということはありえない。そのとき、痛みはわたしの痛みというより、わたしそのものとなっており、わたしの存在と痛みの経験とを区別するのはむずかしい。身体にはたしかに「わたしは身体をもつ」と言うのが相応《ふさわ》しい局面があるにはあるが、同時に「わたしは身体である」と言ったほうがぴったりとくる局面もあるのである。人称としてのわたしと身体との関係は、対立や齟齬《そご》といった乖離《かいり》状態にあるときもあれば、一方が他方に密着したり埋没したりするときもあるというふうに、どうも極端に可塑的なものであるらしい。

身体は皮膚に包まれているこの肉の塊のことだ、と、これもだれもが自明のことのように言う。が、これもどうもあやしい。たとえば怪我をして、一時期杖をついて歩かなければならなくなったとき、持ちなれぬ杖の把手《とって》の感触がはじめは気になってしょうがない。が、持ちなれてくると、掌の感覚は掌と把手との接触点から杖の先に延びて、杖の先で地面の形状や固さを触知している。エ感覚の起こる場所が掌から杖の先まで延びたのだ。同じようにわたしたちの足裏の感覚は、それがじかに接触している靴の内底においてではなく、地面と接触している靴の裏面で起こる。わたしたちは靴の裏で、道が泥濘《でいねい》かアスファルトか砂利道かを即座に感知するのである。身体の占める空間はさらに、わたしのテリトリーにまで拡張される。見ず知らずのひとが、じぶんの家族なら抵抗がない至近距離に入ってきたとき、皮膚がじかに接触しているのでなくても不快な密着感に苦しくなる。いつも座っているじぶんの座席に、ある日別の人間が座っていると、それがたとえ公共的な場所（たとえば図書館）であっても苛立《いらだ》たしい気分になる。あるいはさらにもっと遠く、たとえばテレビで船やヘリコプターからの中継を見ているとき、まるで酔ったような気分になることすらある。このようにわたしたちの身体の限界は、その物体としての身体の表面にあるわけではない。わたしたちの身体は、その皮膚を超えて伸びたり縮んだりする。わたしたちの気分が縮こまっているときには、わたしたちの身体的存在はぐっと収縮し、じぶんの肌ですら外部のように感じられる。身体空間は物体としての身体が占めるのと同じ空間を構成するわけではないのだ。

〔注〕　バイヤスをかける――うけとめ方に特定の片寄りを生じさせること。bias（英）。
G・マルセル――Gabriel Marcel　一八八九〜一九七三年。フランスの哲学者。

(一)「わたしがなじんでいたこの身体は、よそよそしい異物として迫ってきさえする」(傍線部ア)とあるが、このようなことがおこるのはなぜか、その理由を説明せよ。

(二)「所有という行為の媒体として働いている」(傍線部イ)とあるが、どういう意味か、説明せよ。

(三)「身体にはたしかに『わたしは身体をもつ』と言うのが相応《ふさわ》しい局面があるにはあるが、同時に『わたしは身体である』と言ったほうがぴったりとくる局面もある」(傍線部ウ)とあるが、「わたしは身体をもつ」ということと、「わたしは身体である」ということとのちがいを、筆者の論旨にしたがって説明せよ。

(四)「感覚の起こる場所が掌から杖の先まで延びたのだ」(傍線部エ)とあるが、このようなことが生ずるのはなぜか、その理由を、筆者の論旨にしたがって説明せよ。

出題は東京大学(一九九九年度前期日程)。出典は鷲田清一『普通をだれも教えてくれない』(潮出版社、一九九八年)。このところ鷲田清一は大学受験国語の流行作家の一人となったが、とくに一九九九年度は数校以上の大学がこの本から出題した。大学教員の読書量がいかに少ないか、また入試問題にふさわしい文章がいかに少ないかを如実に示す出来事だ。

そもそも、大学受験国語にはどんな文章が選ばれやすいのだろうか。ポイントは五つある。

まず第一に、**トレンドの書き手の文章であること**。大学教員は流行に敏感なのである。というか、流行に流されやすい結構軽薄な生き物なのである。もっとも、トレンドをまったく無視した問題文ばかりを出題する大学は、現代の学問の趨勢からかけ離れたことしかできない国文学者がいることを証明しているようなもの。その大学では国文学科は専攻しないほうがいい。

国文学科について言えば、旧帝大のあそことか、私学の雄の一つと言われるあそことか、偏差値のものすごく高いあそことか、あえて名前は出さないが、全国的に有名な大学でも、研究者としてはレベルの低い教員しかいない大学は少なくない。一方、偏差値はさほど高くないけれど、優れたスタッフをそろえている大学も少なくない。たとえば、近代国文学に関してなら、日本大学文理学部のスタッフは質、量ともに早稲田大学文学部や教育学部のスタッフに引けを取らないほど充実している。つまり、全国でも有数ということだ。きっと国文学以外でもこういうことはあるに違いない。学校歴社会なのだから偏差値が意味を持たないとは言わないが、教員の質もよく調べて受験しよう。

また横道にそれた。話を元に戻そう。大学入試出題文のポイント第二は、**具体例が適度に入っていること**。具体例がまったくないのは抽象的で退屈だし、多すぎると文章が長いわりには論の展開が平板で設問の数が作れない。ところが、最近はカルチュラル・スタディーズという具体的な事例の多さにものをいわせる研究が流行っていて、適度な具体例を含んだ文章が極端に少ないのだ。出題者に共通する頭痛のタネである。

ポイントの第三は、**論理の展開が適度にあること**。これはとくに理由を説明するまでもないと思うが、何度も同じことをくりかえしているような文章は入試問題には不向きで、できれば起承転結がはっきりしていて、論の展開上同じことを別の論理や別の言葉で言い換えていたり、逆に違うことを同じ論理や同じ言葉で説明しているような文章だと、問題が作りやすいのである。

ポイントの第四は、**適度の悪文であること**。これもあまり説明の必要はないだろう。一読してすぐ意味の通じるような素直な文章は入試問題には向かない。本質的に難しいことを述べている文章や専門的に過ぎて難しい文章はもともと出題できない。とすれば、文章が下手なために、一読しただけでは文意がよく通じない程度の悪文を選ぶしかないのである。

そしてポイントの第五。出題者にとって意外に大切なのが、**受験生の心に残る文章であること**。入試問題は、合格した受験者だけでなく、不幸にも不合格になった受験者にも真剣に読んでもらえる唯一の文章なのだ。だから、せめてこの大学の国語問題は面白かったとか洒落ていたとか思ってもらいたい。志と野心のある出題者は、そんな気持ちを持つものなのだ。そこで、学問の先端に少しでも触れている文章を選ぼうとすると、トレンドの書き手のものになるというわけだ。

そういうわけで、どうやら当分鷲田清一の流行は続きそうだ。ここで、その鷲田清一の文章に戻ろう。鷲田がこの文章の前半で言っていることは、〈人にとって身体とは空気のようなものなので、それ自体としては現れない。現れたときには常に痛みとか疲れとかいうような異常としてである〉ということだ。後半で言っていることは、〈身体とはイメージなのだから物体としての体よりも拡大することも縮小することもある〉ということだ（主題文）。前半と後半とでは少しテーマが違う。それを繋げるのが、「わたしは身体である」というテーゼ（命題）である。「わたしは身体をもつ」（五十七行目）と言ったときには、「わたし」は「身体」とは別に、「身体」の主人公として存在する。しかし、「わたしは身体である」（五十九行目）と言ったときには、「わたし」は「身体」と別に存在しているのではなく、「身体」とまったく一致している。この場合、「わたし」が「身体」のように肉の塊になったのではなくて、「身体」のほうが「わたし」になったのだ。つまり、「わたしは身体である」とは、「身体」が「わたし」になったことを言う。身体がイメージであるとはこういうことを言うのである。身体はイメージだから、物質としての自己主張はせず、空気のように忘れられるし、拡大や縮小をするというわけだ。

鷲田の論理は、〈精神／身体〉という二元論を否定する。心身二元論を否定して、いわば身体一元論とでも言うべきものを提唱しているのである。ところが、その論法を見てみると、〈物質／身体〉という二元論を採用していることがわかる。もう少し詳しく見ると、後半で「身体」をイメージのほうに近づけるために、前半で「身体」の「物質」としての側面を強調したと言うことができる。

㈠。解答欄は、すべて五十字以上書ける。だが、こういう記述問題はいったいどういうレベルで答えればいいのか、とまどってしまう。この問いにしても、哲学的に考えればたいへんな難題なのである。だから、こういう記述問題は、だいたいにおいて本文に即して答えるしかないようだ。ここは導入部分だから傍線部アより前を踏まえればいいのだろうが、たとえば「身体に異常をきたしたから。」という答案で、減点できるのだろうか。点は出せないが、間違いでもない。五十字以上書ける解答欄、これだけが解答のレベルを規定する。この問いでは、傍線部アより前の記述を抽象化しながら要約することになる。

「正常に機能しているときには空気のように意識されない身体のあり方が、異常を経験することで崩れたから。」または、「正常に機能しているときには透明な存在である身体が、疲れや病によって、意のままにならないわたしそのものとして姿を現したから。」もちろん、二番目のほうが全体を踏まえているし、解釈を含んでもいるので、高級である。

鷲田の論理をたどれば、異常としてしか姿を現さない身体とは自己にとって異物だということになるし、さらには、「わたしは身体である」とするなら、自己にとって「わたし」そのものが異物だということになる。考えてみれば、僕たちが「わたし」を意識するときは、たとえば自意識過剰なときだったり、落ち込んだときだったりするのが普通で、順調なときには「わたし」など意識に上らないものなのだ。この構造は、鷲田の言う「身体」とまったく同じである。だから、

「わたしは身体である」と言えるのだ。身体がそうであるように、存在にとって「わたし」とは余剰物なのだ。二番目の解答は、こういう解釈を含んでいる。ただし、採点者がアホだと点が出ないだろう。**記述問題では採点者も試される。**

㈡。傍線部イは簡単なことを難しく言っているだけだが、解答としては「身体を使って所有するという意味」程度では点は出ない。出題者がなぜここを聞いたのかを想像すれば、「人は、身体を使ってものを自由にできるのに、その身体自体は自由にならない」ということが逆説的でカッコイイと思ったからに違いない。「だって当たり前じゃん」と言いたいところだが、頭でっかちな人はこういうことを面白く感じるのだ。そこで、出題者（採点者）を喜ばせるために、「人が何かを自分のものとして自由にするためには、自分では自由にならない身体を使わなければならないという意味。」などと書いてみてはどうだろう。もっとも、シンプルには「人が何かを自分のものとして意のままにするためには、身体を使ってそれを行なうという意味。」程度だろうか。ここで教訓。**記述問題では出題者（採点者）を喜ばせること、ただしサービス過剰に注意。**

㈢。この問題では、この設問がポイントだ。実は、この設問では「わたしは身体をもつ」のほうが面倒だ。というのは、この「もつ」という語が三十行目の「もつ（所有）」を踏まえているのか、それとも四十四行目の身体の「不随意性」を踏まえているのか、やや微妙だからである。ここは、素直に「もつ（所有）」を踏まえていると考えよう。

この問いについて考えるために、ウィトゲンシュタインという哲学者のこんな言葉を引いておこう。「痛み」は哲学でよく話題になる事柄なのである。

「雨が降っていた。そして私はそのことを知っていた。」と言うことには意味がある。しかし、「私は歯が痛かった。そして私はそのことを知っていた。」と言うことには意味がない。「私は、私が歯が痛いということを知っている。」ということは、意味をなさないか、あるいは「単に」「私は歯が痛い。」ということと同じなのである。

（山本信・黒崎宏編『ウィトゲンシュタイン小事典』大修館書店、一九八七年、からの引用）

「痛み」は、雨降りのように、「わたし」の外にある事柄ではない。だから、「知る」ことなどできないので、ただ「痛み」そのものを「感じる」ことができるだけだ。「知る」ことができる事柄は他人に知識として伝えることができるが、「感じる」ことしかできない「痛み」のような事柄は、「痛み」の振る舞いとして知ってもらうことができるだけなのである。つまり、「わたし」と「痛み」とを分離することはできないのだ。そうである以上、身体と「痛み」とを分離することもできないということである。そう考えれば、疲れと身体を分けることもできないし、病気と身体を分けることもできない。でも、近代医学は病気と身体とを分けている感じがする……。これは近代医学批判になってしまう。ここでは触れないが、近代医学批評は身体論の重要な仕事の一つであるべきだと思う。

設問に戻ろう。「わたしは身体をもつ」(前者)と「わたしは身体である」(後者)との違いを述べろと言うのだった。ポイントは「所有」(三十行目)と「経験」(五十六行目)との違いを説明できるかにある。「前者は、身体が『わたし』の所有する対象物として『わたし』の外にあるのに対して、後者は、身体が『わたし』固有の経験そのものであって、『わたし』と身体とを区別することはできない」ということを短く言えばいい。もっとも、このまま小さい字でビッシリ書く手もあるが、あまり感心しない。ある国立大学の先生が、最近小さい字で長々と書く答案が多いと嘆いていた。短い文章でピシッとキメルのも国語力のうちなのである。

「前者は、『わたし』が身体を所有物として対象化しているが、後者は、身体が『わたし』固有の経験そのものとなっている。」ではどうだろうか。あるいは、〈随意/不随意〉という二項対立を用いて、「前者では、身体は随意に使用できる対象物だが、後者では、身体は不随意な経験そのものとなっている。」というパターンも可能だ。このほうがカッコイイ。

㈣。「わたし」の経験する「身体空間」と「物体としての身体が占める」空間(九十四〜九十六行目)とはなぜ同じではないのかを聞いている。この章をここまで読んできた人ならできるだろうが、一つだけ注意すべきことは、鷲田は、〈意識/身体〉の二項対立では論じていないということである。意識が身体に含まれるのでもないし、身体が意識に含まれるのでもない。あえて言えば、身体は意識のように伸び縮みすると言っているのだ。

「身体はたんなる物質ではなく『わたし』の意識そのものでもあるので、その時々の状況で伸び縮みするからである。」あるいは、思い切って「身体はたんなる物質ではなく『わたし』のイメージなので、その時々の気分で伸び縮みするからである。」ではどうだろう。後者のほうが、鷲田の身体論に即している。なお、「**気分**」は身体論では重要な言葉で、悲しみや怒りのように明確な輪郭を持つ自立した感情ではなく、不機嫌や甘えのように体の状態に引きずられた**身体の発する言葉**のようなものだと言っていい。

というわけで、この鷲田の文章は、身体論の基本を説く文章ながら、現実には身体論を知っていないと十分には理解できないところが多く、受験生が読むにはチョット無理があるのだ。それでも出題したかったので、「筆者の論理にしたがって説明せよ」という断り書きが設問に二度も出てくるのである。記述式の設問もまた難しいものだとつくづく思う。

次は、実に切れ味のいい文章だ。だから、切られた人はかなり痛い。ところで、切られた人は誰なのかわかるかな？

【過去問⑧】私の欲望は他者の欲望である

次の文章を読んで、あとの問いに答えなさい。

身体は他者である。たんに比喩的な意味で言っているのではない。自分の容貌が鏡の助けを借りなければ見ることができないように、身体もまた鏡像によって選びようのない与件として自己に与えられる。身体は「視られる」ことによってのみ「発見」される。

A女性は「視られる身体」としての自己身体を、否応なしに発見させられる。その身体は、誘惑の客体として、視線の持ち主＝男性主体から、評価され、比較され、値踏みされる。女性は「視られる対象」としての自己身体と折り合いをつけるために、思春期から何十年にもわたる葛藤に満ちた経験をすることになる。

自己身体が性的に価値の低い場合は、自己身体と自己意識とのあいだに折り合いをつけるのは難しい。身体の性的価値はつねに他者に依存しているから、エステやダイエットも、身体を自己コントロールしているように見えて、その実、B他者の視線の内面化にほかならない。ある摂食障害の女性が、年齢が彼女を性的存在であることから解放してくれたとき、初めて安心して食べられるようになったという例に見られるように、他者への依存すなわち他者からの評価を放棄したとき、はじめて彼女は自己身体を受け入れることができたのである。

自己身体がたまたま性的に高い価値を持っている場合でも、自己身体との関係は容易ではない。C自分のコントロールできない価値を一方的に付与されることで、男性の欲望や賞賛に対する依存が起きる。誘惑の客体として他者に依存しつつ自己確認をするほかない嗜癖を、わたしたちはまちがってニンフォマニア（多淫症）と呼んできた。まことにラカンのいうとおり、欲望とは「他者の欲望の欲望」、すなわち欲望されることの欲望なのだ。

衣服や化粧は社会的な記号だが、その気になれば着たり脱いだりすることができる。だが裸のボディは？　裸体が社会的な記号として、市場価値を付与されるとなれば、D市場の規範に合わせて自己身体をコントロールしなければならない。ダイエットやシェイプアップはそのようなセルフ・コントロールの表現であり、自己身体が社会に馴致されていることの証明である。極端な肥満はそれ自体でセルフ・コントロールの失敗をあらわし、非難の対象となる。ここでは身体が人格なのだ。

身体の他者性が自覚化されれば、作家の斎藤綾子のように言い放つこともできる。わたしはウェットスーツを着るようにたまたま男から見て魅力のある女のボディを着ているだけだ、と。このボディを投げ出せばおもしろいように男が寄ってくる、わたしはその雄の発情につけこむが、それはわたしの与り知らぬことだ、と語る斎藤には、自己身体とのクールな距離がある。

もしボディがウェットスーツのように自由に着脱のできるものであったら。そしてウェットスーツのように望ましいボディをオーダーメイドすることができたなら。――身体の他者性の彼方には、こうした究極の欲望が潜んでいる。

女性が「視られる」存在として身体性へと還元されているとしたら、男性は、他者から「視られる」ことがないために、自己身体を「発見」してもらうこともできない。言い換えればE女性は身体へと疎外され、男性は身体から疎外されている、と言ってもいい。

男性はどうやって自己の身体を発見することができるのだろうか？　自己身体との折り合いのい

い関係は、男性にとっても課題である。だがどうすれば自己身体を「発見」してくれる他者の視線を持つことができるのか？　ゲイの男性以外に、自己身体の客体化は、男性には難しそうである。あるいは異性装者の男性は、女装によってつかのまだけ、身体を「借り着」しているのかもしれない。

（上野千鶴子『発情装置』）

（注）ラカン＝フランスの精神分析学者
　　ウェットスーツ＝レジャー用の潜水服の一つ

問1　傍線部Aを説明的に言い換えている部分を、文中から二十字以上二十五字以内で抜き出し、最初と最後の五字で答えなさい。

問2　傍線部Bは、どういうことか。二十五字以内で説明しなさい。

問3　傍線部Cを説明的に言い換えている部分を、文中から三十五字以上四十字以内で抜き出し、最初と最後の五字で答えなさい。

問4　傍線部Dは、この文脈の中ではなんと言い換えることが出来るか。次の中から適切なものを選び、符号で答えなさい。

ア　経済原理
イ　貨幣価値
ウ　自意識
エ　美意識

問5　傍線部Eは、どういうことか。わかりやすく説明しなさい。

出題は公認会計士試験第一次試験（一九九九年度）である。この試験は、だいたい大学入試のレベルを難易度の目安にしてある。実際には大学入試の記述問題とすれば、本文から発展したことを尋ねる設問はなく、本文の内容を確認する設問が中心で易しい部類に属するが、内容的にこの章で解くのにふさわしいので、思い切って採用してみた。フェミニズム批評は本書では扱わないと言いながら、こっそり紛れ込ませた苦心を買ってほしいものだ。でも、どうしてこんな問題の存在が僕にわかったのかはナイショだ。

出典は上野千鶴子『発情装置』(筑摩書房、一九九八年)。上野は、日本の一九八〇年代以降のフェミニズム批評にもっとも貢献した社会学者である。男性である僕にとって、上野の文章はいつもきつい。この文章も、僕の中の「男性」を撃つ。

そういえば、思い出したことがある。かつて、上野は加藤典洋との対談で、自分のことを「僕」と呼ぶ男性を、甘ったれているから「嫌いなんです」と批判していた(『國文学』一九八六年五月)。実は、僕はものを書く場合、研究論文では一切自称詞は使わず、「研究者」として発言するときは「私」、そうでないときは「僕」という具合に自称詞を使い分けているのだが、言われてみれば、僕の「僕」と「私」の使い分けこそが、上野の批判すべき「甘え」の典型なのだ。『僕』と名乗ったときの文章は個人的なものですよ」という逃げ場を自分自身に許しているから。もっとえげつないことを言えば、教授会で発言するときは「私」なのに、小さな委員会で発言するときは「僕」で、友人どうしだと「俺」である。しかも、それを結構意識しながら。

一方、女性の自称詞は、上野の言うように「私」しかない。女性に一つの自称詞しか用意していないような社会が、つまりは男性社会なのである。男性社会とはやや曖昧な言い方である。社会学では父権制社会と言う。フェミニズム批評によると、**父権制とは「女性を犠牲にして男性に特権を与える普遍的な政治構造」で、具体的には「男性が女性を支配し、年長の男性が年少者を支配している」社会**だと言う（リサ・タトル『フェミニズム事典』明石書店、一九九一年）。この事典では、父権制社会のことを、「フェミニズムが打ち壊そうとしている社会体制」と、はっきり言いきってもいる。

上野がこの文章で撃っているのは、この父権制社会である。だから、男性だけを撃っているのではない。父権制社会を無自覚に生きる女性をも撃っているのだ。上野の言っていることは、〈父権制社会が女性の身体を男性の所有物にしている〉ということだ。それは、なにも物理的に所有するということではなく、男性が視線を通じて女性の身体を自分たちの好みどおりに作り替える自由を手にしているということだ。ここでも、身体は物体ではなくてイメージなのだという、鷲田の言うあの命題が生きてくる。イメージだからこそ、視線によって変換でき、他者に所有もされるのである。

本文は、いきなり「身体は他者である」と言いきって清々しいくらいだ。この言い方の裏側には、「身体は自己だ」という常識が横たわっていることは言うまでもない。〈自己／他者〉という二項対立を前提とした主張だが、この上野の主張は、「自己とは身体である」ということを基本におくメルロ＝ポンティのような身体論（鷲田の身体論も基本は同じである）をひとたまりもなくぶっ飛ばす。もし、上野が鷲田の文章を読んだら、「**ジェンダーの視点が決定的に欠けている**」と言うだろう。「ジェンダー」とは社会的に決定された性役割のことである。つまり、鷲田が分析しているのはニュートラルな状態の身体だが、僕たちが生きているこの**父権制社会でニュートラルということは、現実には男性を意味する。**だから、鷲田は男性の身体しか分析していないのだと、フェミニズム批評家なら言うだろう。

ここで、また思い出したことがある。僕がまだ若い頃、「女の長風呂は誰のため」と歌う音楽をバックに、若い女の人がシャボンだらけになってお風呂で体を洗っている映像が流れる石鹼のコマーシャルがテレビで流れていた。僕はよく意味もわからないまま胸をときめかせて見たものだが、いま考えるとかなり際どいコマーシャルだったのだ。その際どさはともかくとして、「女の長風呂は誰のため」というフレイズは、「身体は他者である」という真理をみごとに言い当てている。あれは、ずいぶん哲学的なコマーシャルでもあったのだ。

さて、本文にとくに難しいところはないが、一点、ラカンが出てくるところがわかりにくいかもしれない。上野の引くラカンの「他者の欲望の欲望」という言葉は、正確には「**私の欲望は他者の欲望である**」という命題である。ラカンのいわんとするところは、「欲望」とは個人の内面から主体的に生まれてくるようなものではなく、すでに社会の構造に組み込まれているものなのだということである。上野はこの命題を作り替えて、「欲望されることの欲望」（三十四行目）という意味を込めた。「自分に欲望してほしいという欲求」というほどの意味だろう。

問1。傍線部Aのポイントは、「否応なしに発見させられる」というところだ。この「発見」を文中でどのように言い換えているかがわかればいいのである。上野は意地悪く「させられる」という受け身の自己受容を強調する。**父権制社会では、女性自身が自分で主体的に自己の身体を選んだように感じさせられている**と言いたいのだ。傍線部Aの直後に「その身体は、誘惑の客体として」とあるのもヒントになる。答えは、三十〜三十一行目「誘惑の客体として他者に依存しつつ自己確認をする」（二十三字）なので「誘惑の客体〜確認をする」となる。女性自身には「する」という能動形で自覚させられているのである。

問2。「他者の視線の内面化」は、現代社会学の基本コンセプトの一つだ。これが大衆社会と民主主義の基本原理であることは、次の章で学ぶことになる。僕たちが「**みんなそうしているから自分もそうしよう**」とか「**みんなと同じがいい**」**とか感じたときには、「他者の視線の内面化」が起きている**。「他者の価値観が自己の価値観となってしまうこと。」（二十三字）でどうだろう。

問3。設問の「説明的に言い換えている部分」という一節が、解答の条件になる。「誘惑の客体として、視線の持ち主＝男性主体から、評価され、比較され、値踏みされる」（三十九字、八

〜十行目）である。解答は、「誘惑の客体〜踏みされる」となる。問1の解答と対応しているのがわかるだろうか。一見違うことを言っているようだが、実は、この二つは同じことを言っているのである。**女性にとって「自己確認」とは他者によって「値踏みされる」こと**と同じだと言うのだ。出題者は、このことをどうしてもわかってもらいたくて、問1と問3をセットにして聞いたのだろう。

問4。イとウがはずれていることはすぐにわかるだろう。問題はアとエである。傍線部D直前の「市場価値」という言葉を見ると、受験生はアに来そうである。しかし、少ない費用で多くの利益を上げようという意味の「経済原則」という言葉はよく聞くが、「経済原理」という言葉はあまり聞かない。それに、この文章では、〈たとえば恋人の好むような身体に自己を作り替えようとする女性の心理はもとより、自分の気に入った身体を手に入れようとする女性の心理さえも実は他者から来ている〉と説くところに主旨がある。この文章全体は女性の身体についての「自己意識」が他者から来ると説いているのだ。もっと言うと、他者の美意識から来ると説いている。だから、正解はエだ。

問5。解答欄は五十字程度は書ける。この問題の臍《へそ》である。〈女性は男性のものである身体によってしかアイデンティティの確認ができないし、一方の、男性はといえば、身体を価値づけてくれる相手がいないから（上野理論によれば、とにかく価値づけることができるのは男性だけだから、ゲイしか自分の身体を価値づけてもらえる男性はいないことになるのだ）、身体によるアイデンティティの確認ができない〉というようなことを、短かく書く。傍線部が対句仕立てになっているので、解答も対句仕立てでかっこよく書く。「女性の主体は他者のものである身体によってしか確認できず、男性の主体は自己の身体による確認さえもできないこと」（これは主題文でもある）。もちろん、「主体」のところは「アイデンティティ」でもいい。

実は、男性についての上野理論は、僕には大いに反論がある。この文章でも、上野には男性のナルシシズムが計算に入っていないように思う。ナルシシストの男性は、自分で「自己身体を客体化」しているのではないだろうか。そして、その自分とはつまりは男性なのだから、男性による身体の客体化は男性の身の上にも日常的に起こっているのではないだろうか。おしゃれな男性諸君に聞いてみたいところだ。

また長くなった、トホホ……。この章の二冊。

鷲田清一『**悲鳴をあげる身体**』（PHP新書）

日本の身体論といったら、はじめは中村雄二郎『**共通感覚論**』（岩波現代文庫）で、次は市川浩『**精神としての身体**』（講談社学術文庫）で、いまは鷲田の独壇場だ。『悲鳴をあげる身体』

は、自分のものではないが、さりとて他者のものでもない身体を説いて、二項対立的思考の彼方に行こうとする試みと読んだ。過去問⑦の文章をグーンと引き延ばした趣がある。ファッションについて考察した『**ひとはなぜ服を着るのか**』（NHKライブラリー）もすてきな本だ。なお、先に鷲田の身体論にはジェンダーの視点が欠けていると言ったが、これは上野の文章との対比を際だたせるためにそう言ったので、この本の中で鷲田は、身体は「記号を書き込むためのキャンバス」だときちんと指摘している。そもそも、鷲田清一を一躍有名にした『**モードの迷宮**』（ちくま学芸文庫）は女性のファッション論だ。ただ、鷲田の発想の基本はあくまで自己の身体にあるとは言える。

小谷野敦『**もてない男**』（ちくま新書）

すでに読んだ人も多いと思うけれど、僕は男性による男性の自意識論と読んだ。つまり、身体論である。上野千鶴子批判もあったりして、結構楽しめる。ちなみに、この本の一三〇ページに登場する「石原千秋」とは、恥ずかしながら僕のことだ。

第五章

彼らには自分の顔が見えない

——大衆

「みんなと同じがいい」、僕たちはよくそう思う。そう思ったとき、僕たちは間違いなく大衆になっている。

「みんなと同じがいい」という思想には二つの特徴がある。一つは、「同じがいい」という心のあり方（心性）である。大衆社会とは、平等などという言葉が生ぬるく聞こえるほど、恐ろしく**均質化した社会**である。だから、人々は他人と違うことを極度に恐れる。しかし、だからといって他人とまったく同じでは満足できないのである。「みんなと違う自分でありたい」という心性も、大衆の特徴である。だが、この「みんなと違う自分でありたい」という欲望は、自分はいつでも「みんなと同じ」にはなれるのだという前提があってはじめて意味を持つ。「みんなと違う」とは、「みんな以下」ではなく「みんな以上」を意味しているのだ。それに、「みんなと違う自分でありたい」とは言っても、「みんなとまったく違う自分」になりたいなどと思っているわけではない。「みんなと同じ」の中に隠れながらも、「みんなよりチョットだけ違う自分」を手に入れたいのだ。

大衆とは劣等感と優越感とが入り交じったかくもデリケートで扱いにくい存在なのである。グッチやプラダやヴィトンといったブランド品の存在は、この「みんなと同じで、みんなと違うのがいい」という大衆特有のねじれた心性をみごとに捉えている。プラダのバッグを持つことでほんのちょっとだけ「みんな以上」になれる感じがする。でも、「みんな」がプラダにまったく関心を持っていなければ意味がないのだ。「みんな」が「これプラダだね。カッコイイね！」と言ってくれなくては意味がないのだ。僕も、やせっぽちという体の弱点を隠してくれることもあって、スーツはコム・デ・ギャルソンと決めているから、こういう心性はものすごくよくわかる(ついでに言うと、ブランドを一つに決めるのは決してお洒落だからではなく、ファッションに対する手抜きなのではないかと、個人的には思っている)。

「みんなと同じがいい」という思想のもう一つの特徴は、大衆には「みんな」が見えているところにある。どのようにしてか。もちろん、マスメディアによる情報によってである。この特徴からは、マスメディアによって操作されやすい愚かな人々という大衆像が浮かび上がってくる。**受動的存在であることは大衆の特徴**の一つであると考えられてきた。マスコミ関係の職業に就く人の(みんなではないが)多くが傲慢なのは(僕にはそう見える)、彼らがこういう大衆観を持っているからに違いない。

なぜ大衆がマスコミに操作されやすい受動性を持つのかと言えば、近代になって、神に死が宣告され、共同体が崩壊し、人々が孤立化、断片化したために、自らの価値観を持てなくなった個人が他人を真似るしかなくなったからだと、社会学では説明するようだ。リースマンというアメリカの社会学者は、大衆とは他人志向型の人間だと言っている(『孤独な群衆』みすず書房、一九六四年)。これが、「**他者の視線の内面化**」にいたるプロセスである。

一つ注意しておくべきことは、大衆は群衆とは違うということだ。人々が群衆になるためには、実際にある空間に多くの人が集まる必要があるが、極端に言えば、マスメディアの発達した現代では、地方にぽつんと住んでいても大衆にはなれる。大衆とは「みんなと同じがいい」という心性を持った人のことだからである。これからはインターネットの普及によって、孤立した大衆が大量に出現する可能性がある。その過程で、大衆は少しずつ変質するだろうけれども。

こうしてみると、大衆が近代の申し子であることがよくわかるだろう。同じものを大量に生産できる工業がなければ、そもそも「みんなと同じがいい」という大衆特有の欲望は生まれなかっただろうし、マスメディアが発達しなければ、抽象的な他者を「みんな」というある程度具体性を帯びた人間に仕立て上げることはできなかっただろうからである。

もっとも肝心なことは、僕たちが大衆でいられるのには少なくとも二つの前提があるということだ。一つは、普通選挙制度によって、どんな人でも成人でありさえすれば政治的に一票を与えられていること。二つは、大衆の購買力の増大によって、大衆消費社会が成立していることである。つまり、大衆は政治的にも経済的にも社会の主役であり得るということだ。だから、現代では大衆は単純に操作できるような受動的存在ではなくなってきている。しかし、その**大衆の顔は大衆自身にも見えない**。大衆を代表する政治家やマスコミに、おぼろげながら大衆の顔が映し出されているだけである。僕たちは、**主役の顔の見えない社会**に生きているのである。だが、それが民主主義における健全さなのだと、僕は思う。

というわけで、僕もあなたも悲しいほどに大衆だということを確認して、問題を解こう。

【過去問⑨】いかなる権威をも否定する権威

次の文章を読んで、あとの問に答えなさい。


テレビのクイズ番組で「一〇〇人に聞きました」というのがあった。この番組は、回答の基準を「真・偽」から「妥当性」（もっともらしさ）へと変えた点で、まったくエポックメーキングだった。

回答者は、質問に対して自分の答えをではなく、一〇〇人の人々の最大多数が答えそうな回答を与えなければならない。しかもこの問いは、たとえば「婚前交渉は是か非か？」という質問に対して一〇〇人中の多数派がどう答えるか、という意見に関するものだけでなく、「世界で一番長い川は、ミシシッピ川かアマゾン川か？」といった真理性に関するものをも含んでいた。回答者は、「真理」を知っているだけでは不十分なのだ。彼もしくは彼女は、平均的な一〇〇人が、まちがえそうな可能性まで読んで、いちばん「もっともらしい」答えを選ばなければならなかった。

このクイズ番組では、勝者とは一体、誰だろう？　かつての真偽を争うクイズ番組であれば、正解者は知識の分野が何であれ、物知りという権威と尊敬を獲得することができた。だが「誰もが考えそうなこと」を全問正解した勝者は、ただ「誰でもある一人」の大衆にすぎない。彼または彼女は、権威や尊敬の対象ではなくなっている。

不可視な「大衆」というものの姿を、手にとるような A パラドクシカルなしかけで見せてくれた点で、この番組は真に革新的だった。

八三年に流行した「いかにも一般大衆が喜びそうな……」というCMのコピーも、このパラドックスを言説化した点で、画期的だった。コピーの方法それ自体を言説の中に持ちこんだこのフレーズは、現代文学がどこまでも自己言及的になっていくのと同じデコンストラクション（解体）過程をたどっていて、いわばB解体コピーというべきものだ。Cだがクリエーターの側に自虐的自己解体のつもりがあっても、事実上、このコピーは「一般大衆」に受けた。

「一般大衆」と呼びかけられて、テレビを見ていた「一般大衆」は、笑った。かつての「ちがいがわかる男のコーヒー」の時のように、自分が「他の誰でもない特別な私」だと考えて「一般大衆」を笑ったのではなく、「他の誰にも似ている私」に安堵して、笑ったのだ。「一般大衆」という言葉は、彼らを映すD鏡の役割を果たした。

しかし、この鏡は、他のすべての人々を映し出すが、自分自身だけは映さないとくべつな鏡だった。このメカニズムは、対人関係そのものだ。人間は他人の顔は見えても自分の顔を見ることができない。顔にスミがついていたら、それを笑ってくれるのは、他人の反応だけである。「一般大衆」という言葉は、大衆が大衆を認識するメカニズムを、目に見えるかたちで大衆自身に示して見せた。その自己言及性に、大衆は、自分自身に回帰する笑いを、無抵抗に笑うしかなかったのである。

人気とは、妥当性の基準に支えられた、大衆社会のリーダーシップのことである。「いかにも一般大衆の好みそうな」人が、大衆社会のリーダーになる。だから、大衆社会の人気者には、真理性にもとづく権威は、ない。なぜ、ある人物に人気があるかと言えば、「自分以外のすべての人々」が支持しているからで、この堂々めぐりの中では、なぜ人気があるかという理由は、誰にも説明できない。伝統社会の住民が、ある民俗の由来をたずねられて「祖先がしていたから」と答えるように、大衆社会の住人は「他のみんながしているから」と答えるほかない。ただし、この大衆は、大衆的合意形成のメカニズムを自覚化するまでに爛熟している大衆だ。彼らは、リーダーシップが人気というえたいの知れないものによって支えられており、自分たちがソッポを向けばそれまでだということを承知している。

人気者とカリスマの違いは、ここにある。カリスマには、権威の基盤があるが、人気者にはない。今日のテレビの人気者たちには、かつてのようなオーラ（後光、香気）の輝くカリスマの要素はない。

美空ひばりは天性のスターで、どんなに零落しても誰も彼女からその天稟を奪うことはできない。だが、松田聖子は、他の誰もと同じくらい歌のうまい一少女にすぎず、彼女が人気者なのは、「一般大衆」が彼女を人気者だと思っている間だけなのだ。人気がなくなれば、彼女は、あっというまに「ふつうの女の子」に戻ってしまう。一般大衆は、彼女のオーラは、自分たちが一時的に仮託したものにすぎないことを知っている、したたかな大衆だ。権威の源泉が大衆自身にある点で、これは全く「民主」的なシステムである。

大衆社会はそのリーダーを人気で選ぶ。漫才師も、ベテラン党人政治家も、同じ土俵で選ばれる。これをふまじめと、後者なら苦々しく思うかもしれない。しかし、「たかが人気」のふまじめさの中でこそ、逆説的に「民主」は保障されるのだ。民主制とは、デカダンス（退廃）に耐える能力のことである。どんな超越的な権威も認めない点で、民主制は、それ自体パラドックスの中にある。

アメリカは、一九八〇年に、「たかがハリウッドスター」のレーガンを大統領に選んだ。しかも、

「三流スター」を、である。しかし、「たかがハリウッドスター」が、「強いレーガン」に変わるにつれて、「グレート・アメリカ」の亡霊が、またぞろ浮かび上がる。

　アメリカ人が「たかがハリウッドスター」を大統領に選んだことを、人気に左右される有権者の愚昧さと、日本人は笑うだろうか。しかし、「たかが人気者」を承知でスターを選ぶ有権者のデカダンスの方が、私にはまだ健康に思われる。八三年は、ジョン・F・ケネディがダラスで暗殺されて二〇年目だった。アメリカでは、「ケネディ――その神話と現実」といった特集があふれたりして、ケネディ人気は異常な高まりを見せたが、私には、きまじめなアメリカが、真の権威を求めていると見えた。「真の権威」がないところにそれを仮想するのは、「真の権威」がはなからないと承知して権威を求めないデカダンスより、ことによってはかえってこわい。日本のふまじめな「一般大衆」の方が、もしかしたら、正気かもしれないのだ。

　だが同時に、デカダンスにまっ先にあきるのも大衆である。デカダンスに耐えるには、知性とバランス能力とが必要である。大衆社会の人気の構造が、いわば民主制の運命だとしたら、それを否定しないで、大衆が成熟しうる道こそ求められている。

（上野千鶴子『〈私〉探しゲーム』）

問一　文中の――線A「パラドクシカルなしかけ」について、次の問に答えなさい。

（I）「パラドクシカル」の訳語を、本文中から抜き出して答えなさい。

（II）「一〇〇人に聞きました」における「パラドクシカルなしかけ」とは、具体的にはどのようなことか。次の中から適切なものを選び、符合で答えなさい。

ア　まちがえそうな可能性を読んだ者が、カリスマ的権威を獲得できること。

イ　大衆社会では、「誰もが考えそうなこと」を知っている者が、実は物知りであること。
ウ　真理に基づかないまちがった答えが、正解になり得ること。
エ　最大多数の答えが、そのまま一〇〇人の答えと重なってしまうこと。

問二　文中の――線B「解体コピー」とあるが、「コピーの方法それ自体を言説の中に持ちこむことは、なぜコピーを「解体」することになるのか。その理由として適切なものを次の中から選び、符号で答えなさい。
ア　CMのコピーは、本来、決して大衆を愚弄してはならないものだから。
イ　CMのコピーは、本来、大衆の求めているものを、それとは気付かれずに示すものだから。
ウ　CMのコピーは、本来、大衆を自分だけ特別な人間だと思わせるようにしむけるものだから。
エ　CMのコピーは、本来、大衆の意図にもっとも敏感であるべきものだから。

問三　文中の――線C「だがクリエーターの側に自虐的自己解体のつもりがあっても、事実上、このコピーは『一般大衆』に受けた」とあるが、なぜこのコピーは「受けた」のだろうか。その理由を、次の文に当てはまるように、本文中から十五字で抜き出して答えなさい。
この「解体コピー」が、実は（　　　　）そのものだったから。

問四　文中の――線D「鏡の役割」について、次の問に答えなさい。
(I)　「鏡の役割」の本質を、筆者は何と述べているか。本文中から五字以内で抜き出して答えなさい。
(II)　「鏡」の比喩で説明される「大衆」とは、どのような人のことか。次の中から適切なものを選び、符号で答えなさい。

ア　他人の生活をのぞき見る人
イ　鏡のように冷たい反応しかしない人
ウ　自分だけは他人と違うと思っている人
エ　他人の視線を内面化した人

問五　文中の――線E「大衆的合意形成のメカニズムを自覚化するまでに爛熟している大衆だ」について、次の問に答えなさい。

（Ⅰ）「大衆的合意」を、別の言葉で何と述べているか。次の中から適切なものを選び、符号で答えなさい。

ア　基準　イ　妥当性　ウ　真理性
エ　権威　オ　民主制

（Ⅱ）「大衆的合意形成のメカニズム」が、端的に発揮される制度は何か。本文中に述べられている内容をふまえて、本文中にはない言葉（漢字二字）で答えなさい。

（Ⅲ）筆者は、このような「爛熟している大衆」は何を持つべきだと述べているか。本文中から、五字以上十字以内で抜き出して答えなさい。

問六　文中の――線F「超越的な権威」について、次の問に答えなさい。なお、（Ⅰ）（Ⅱ）ともに、あとの語群からもっとも適切なものを選び、符号で答えなさい。

（Ⅰ）「超越的な権威」とは何か。

（Ⅱ）「民主制」における「超越的」でない「権威」とは何か。

ア　基準　イ　真理　ウ　勝者
エ　言説　オ　他人　カ　自分
キ　スター　ク　大衆自身

問七　本文中では、「大衆」を、カギカッコを用いて様々に言い換えたり、その具体例を示したりしている。次の中で、「大衆」ではないものを一つ選び、符号で答えなさい。

ア「誰でもある一人」

イ　「他の誰でもない特別な私」
ウ　「他の誰にも似ている私」
エ　「自分以外のすべての人々」
オ　「ふつうの女の子」
カ　「たかがハリウッドスター」
キ　「たかが人気者」

出題は東横学園女子短期大学（一九八八年度推薦入学基礎学力テスト）。もうずいぶん古い問題だが、これとほぼ同じ箇所が一九九六年度に上智大学経済学部で出題されている。出典は上野千鶴子『増補〈私〉探しゲーム』（ちくま学芸文庫、一九九二年）、第三章で紹介した本だ。こういうふうに、**古い本でも文庫化されるとまた出題されることがある**からマークしておく必要がある。とくに、講談社学術文庫とちくま学芸文庫は要注意だ。

本文中に出てくる「クイズ一〇〇人に聞きました」（ＴＢＳ）とは、一九七九年に始まって数年以上続いたテレビの家族向け人気クイズ番組である。夜七時から三十分の番組で、司会は関口宏。これで何となく雰囲気はわかってもらえると思う。二家族が得点を競うのだが、クイズに工夫があったのだ。たとえば「日本で一番長い川は？」という質問を街頭で百人にした、その答えを予想するのである。だから「信濃川」が一番ポイントが高いとは限らない。「利根川」なんてのが一番ポイントが高いかもしれないのだ。つまり、世間の常識の中味を測るクイズなのである。このクイズ番組の意味は、上野がみごとに分析しているとおりである（ちなみに、元アナウンサー志望だったわが妻は、この番組で百人分の回答を集めるアルバイト「データー・ガール」を務めていたことがあるらしい。みんなには「出たがーる」と呼ばれていたそうだが……）。

上野の言っていることは、**民主主義は「権威」ではなく「人気」に支えられている**（主題文）といった単純なことである。しかし、その単純な事実に耐えることが意外に困難なのである。たしかに、「もし民主主義が顔の見える主役を求め始めたら」と考えると恐ろしい。それは、大衆が自ら民主主義社会の主役を降りるときだからである。その後にどういう人物が主役としてやってくるのか、たとえばヒットラーを経験してしまった僕たちは、それを恐れておく必要がある。上野が言いたいのは、たぶんそういうことだ。

もう一つ文中に出てくる「いかにも一般大衆の喜びそうな（アイデアですね）」（二十八〜二十九行目）とは、一九八三年に放映されたサントリービール「ナマ樽」のコマーシャルのことで、僕の記憶では、若き日の二子山親方がピーピーと音を出す仕掛けのある「ナマ樽」という新製品でビールを注いでいると、レオナルド熊が馬鹿にしたように先の台詞を口にする趣向だった。当時、糸井重里と並んで売れっ子だったコピーライター川崎徹の作品である。そういえば、最近は『不機嫌な果実』などですっかり流行作家となりおおせた林真理子が、コピーライターとして『ルンルンを買っておうちに帰ろう』などのエッセイを書いて勇名を馳せたのもこの頃だ。一九八〇年代はコピーライターの時代だった。彼らは、大衆消費社会が生んだ英雄だったのだ。いまは凋落して昔時の面目もないが、堤清二率いるセゾングループは彼らと深い関わりを持ち、この時代を象徴する企業となった。そして、遅れてやって来た僕の青春がそこに映っている……。

問題は全体に易しい部類に属すると思う。さっそく解いてみよう。

問一。(Ⅰ) パラドックスとは「一見間違っているように見えるけど、よく考えてみると正解」ということ。答えは九十三行目の「逆説的」である。知っていれば有利だが、そうでなくとも民主制の仕掛けの意味がわかれば解ける設問である。

九十三行目あたりで、上野は民主制の逆説的な仕掛けを説明している。『『たかが人気』のふまじめさの中でこそ、逆説的に『民主』は保障される」(九十二〜九十三行目) とは、「ふまじめ」だと一見「ふまじめ」なリーダーしか選べないようだが、実はそのほうが大衆にふさわしい、大衆を反映したリーダーを選べるということである。そして、そうであってこそ**大衆が主人公でいられる**のである。上野が「民主」に傍点を打って強調するのはその意味においてである。

また、「どんな超越的な権威も認めない点で、民主制は、それ自体パラドックスの中にある」(九十五〜九十六行目) とは、「どんな超越的な権威も認めない」ためには、それを「認めない」ような「どんな超越的な権威」にもまして強力な「権威」がなければならないが、民主制はそんな強力な「権威」を一切否定するということである。大衆はちっとも権威ではないのにそれができてしまう。つまり、大衆は**いかなる権威をも否定する権威**だけは手にしていることになる。この捻《ねじ》れを、上野はパラドックスと呼んだのである。

(II)これは易しい。正解はウだ。大衆による「真理(権威)」の否定である。大衆でしかない人が、まさにそれゆえに勝利する仕掛けを、上野はパラドックスと呼んだのである。「全然偉くない人が偉い」というパラドックスだ。ただし、このクイズ番組で勝つためには、「大衆」とはどういう「常識」を持っている人々なのかをよくわかっていなければならない。自分が「大衆」であることに無自覚な人は、このクイズでは勝てないのだ。その意味で、「大衆」の自意識をみごとに見せる番組だった。

問二。直前の「現代文学がどこまでも自己言及的になっていくのと同じデコンストラクション(解体)過程をたどってい」く(三十二〜三十四行目)というところが難しい。「自己言及的」とは、自分自身に言及してしまうことを言う。最も有名な例は、『すべてのクレタ人は嘘つきだ』とクレタ人は言った」というものだ。クレタ人が本当に「嘘つき」なら、「すべてのクレタ人は嘘つきだ」という発言も嘘だということになって、クレタ人は「嘘つき」ではないことになる。そうなると、今度は「すべてのクレタ人は嘘つきだ」という発言は真実になるから、この発言の全体が「嘘」だということになる。というわけで、この文章の意味は決定できなくなってしまうのだ。

それは、クレタ人がクレタ人自身に自己言及しているからである。「あれかこれか」が決められない状態が脱構築によってもたらされることは、第二章で説明したとおりだ。

もう少し緩やかな例を挙げよう。「これは机だ」とだけ言えばたんなる事実の認定だが、「『これは机だ』といま僕は言った」などと言えば、発言した自分に言及しているから自己言及である。そして、「『これは机だ』といま僕は言った」という発言は、『これは机だ』というのは事実ではなくて、いま君がそう言ってみただけじゃないの?」という疑問をすぐに呼び込んで、事実を「解体」してしまう。これが、**自己言及によるデコンストラクション（解体）**である。

これがわかれば、問二はできる。設問も丁寧だ。自己言及がなぜ「解体コピー」になるのかを説明しているのはイだけだ。広告は、「ほら、これが一般大衆であるあなたですよ」などと大衆に向かって言ってはいけないのだ。このタブーを破ったのが「解体コピー」である。ただ、技術的には、エが大はずれで、アとウが表と裏の関係にあることがわかれば、自動的にイが選べる。

問三。大衆はコピーライターより強い。コピーライターに「『どうせ君たちは一般大衆さ』と言っているような露骨なコピー（解体コピー）からは大衆は目を背けるだろう」という意識があっても、大衆のほうはそれを見て平気で笑ったのだ。なぜか。その答えを直接的には書いていないから設問が成り立つのだが、間接的になら書いてあるはずである。そうでないと、やはり設問は成立しない。

五十三行目「その自己言及性に、大衆は、自分自身に回帰する笑いを、無抵抗に笑うしかなかったのである」とある。「自己言及性」がここにも出てきた。大衆は「自分自身だけは映さないとくべつな鏡」（四十六行目）を「あなたはこれですよ」と見せられて、顔のない自分を、「これが自分だ」と思うしかなかったのである。そして、「解体コピー」によって、「一般大衆」を笑うことはとりもなおさず自分を笑うことだと知らされながら、**笑うことでその事実を引き受けた**のである。これが、ここで言う自己言及性の作用である。

何も映っていない鏡を見る人、それが大衆だ。つまり、**大衆には顔がない**。だから、この「解体コピー」は、顔のない自分を確認する、大衆の自己確認のプロセスそのものだったのである。自己確認は人を安心（「安堵」四十三行目）させる。もうおわかりだろう。「この『解体コピー』が、実は（大衆が大衆を認識するメカニズム）そのものだったから。」とすればいい。「大衆が大衆を認識するメカニズム」（十五字）は五十一〜五十二行目にある。

問四。（I）これは、問三ができれば簡単だろう。「自己言及」である。（II）ウだけがかろうじてアヤシイ感じがするが、もちろん正解はエだ。「**他者の視線の内面化**」という表現を知っている僕たちには、簡単な設問だ。

問五。（I）選択肢はどれも文中で使われている言葉。引っかかるのはオだけだろう。「大衆的合意形成のメカニズム」ならオでいいが、ここは「大衆的合意」の部分だけが聞かれている。したがって、イが正解。五十六行目の記述を読めばすぐにわかる設問。
(II)これは、自分で考えなくてはいけないが、本文の後半が「民主制」という政治の話なのだから、自然に「選挙」という答えが出るだろう。「公選」でもいいはずだ。
(III)**「爛熟」の次に来るのはたいてい「退廃」だ。**本文には、親切にも「デカダンス(退廃)」(九十四行目)とある。これ以降から探す。すると、「デカダンスに耐えるのは、知性とバランス能力とが必要」(百二十〜百二十一行目)とあるのに気づく。正解は「知性とバランス能力」(九字)である。「五字以上十字以内」という設問の指定は、「知性」も「バランス能力」も両方答えてもらいたくて付けたものだろう。

問六。(I)正解はイしかない。(II)問一の(I)の解説を思い出してほしい。大衆は「いかなる権威をも否定する権威」なのである。正解はクだ。

問七。なかなか面白い設問である。正解はイ「他の誰でもない特別な私」である。これだけが大衆ではない。

これで設問の解説は終わるが、上野の文章にひとこと言っておきたい。それは、上野が、美空ひばりにはオーラを認めて、松田聖子はただの「人気者」にすぎないと主張するのは、とくに根拠のあることではなく、個人的な趣味の問題でしかないということだ。たしかに、プロダクションによる仕掛けを考慮に入れても、なぜ人気者なのかという問いには「それは人気者だから」と答えるしかないような危ういメカニズムはある。しかし、それは美空ひばりとて同様だろう。例外的にオーラなど認めたりせず、「美空ひばりだって長続きした人気者にすぎない」と言いきったほうが、論理的にもスッキリしたはずだ。

この部分の記述には、「**昔は良かった**」ふうのオバサン臭さがある。若い者に向かって「私の世代には本物がいたのよ」と自慢するのは、オバサンの文化論（あるいはオヤジの文化論）でしかない。僕は美空ひばりにオーラなんかまったく感じなかった。僕がオーラを感じたのは、昔は**山口百恵**、いまは**中山美穂**だけである。これだって、ただのオヤジの感慨にすぎないだろう。それだけの話だ。

さて、十数年後のアメリカは上野千鶴子の言うようになったのか。クリントン大統領は、ケネディ大統領を髣髴《ほうふつ》とさせるから当選したのだという説がある。強いアメリカの亡霊は、上野の予言どおり現れた。実際アメリカは強くなった。いまや世界の警察を自認するまでになった。アメリカは、いつでも正義の戦争を始める、いま最もアブナイ国家である。

日本でも、タレントの横山ノック大阪府知事がセクハラで辞任し、青島幸男東京都知事はほとんど無為の人として再選の立候補さえできなかった。いま、日本がものすごい勢いで保守化していることはもう周知の事実である。**平成大不況の中、大衆は「ふまじめ」ではいられなくなった**のだ。どうやら、日本もふたたび危険な国家になりつつあるようだ。

次は、大衆消費社会論である。

【過去問⑩】小さな差異を生きる「わたし」

次の文章を読んで、後の問に答えよ。

マルクスはどこかで、商品世界のなかにおける貨幣の存在は、動物世界のなかでライオンやトラやウサギやその他すべての現実の動物たちと相並んで(1)「動物」なるものが闊歩しているように奇妙なものだと書いている。貨幣とは、それによってすべての商品の価値が表現される一般的な価値の尺度でありながら、同時にそれらの商品とともにそれ自身人々の需要の対象にもなるという(2)二重の存在なのである。

「広告の時代」とまで言われている現代において、広告とは一見自明で平凡なものに見える。だが、その実、広告というものも、貨幣と同様、いわば形而上学的な奇妙さに満ち満ちた逆説的な存在なのである。

英語のどの受験参考書にも例文としてのっているように、"The proof of the pudding is in the eating." すなわちプディングであることの証明はそれを食べてみることである。 a 、分業によって作る人と食べる人とが分離してしまっている資本主義社会においては、プディングは普通お金で買わなければ食べられない。(買わずに食べてしまったら、それは食い逃げか万引きである。)プディングがプディングであることの証明、いや、プディングがおいしいプディングであることの証明は、お金と交換にしか得られない。

たとえば、洋菓子屋の店先でどのプディングを買おうかと考えているとき、あるいは喫茶店でプディングを注文しようかどうか考えているとき、人はプディングそのものを比較しているのではない。人が実際に比較しているのは、ウィンドウの中のプディングの外見であり、メニューの中のプディングの写真であり、さらには新聞・雑誌・ラジオ・テレビ等におけるプディングのコマーシャルである。これらはいずれも広い意味でプディングの「［甲］」にほかならない。

すなわち、資本主義社会においては、人は消費者として商品そのものを比較することはできない。人は広告という媒介を通じてはじめて商品を比較することができるのである。

資本主義社会とは、マルクスによれば「商品の巨大なる集合」である。しかし、広告を媒介にしてしか商品を知りえない消費者にとって、それはまずなによりも「広告の巨大なる集合」として立ち現れるはずである。そして、この広告の巨大なる集合の中において、あらゆる広告は広告としていやおうなしに同じ平面上で比較されおたがいに競合する。

もちろん、広告とはつねに商品についての広告であり、その特徴や他の商品との差異について広告しているように見える。だが、人がたとえばある洋菓子店のウィンドウのプディングの並べ方は他の店に比べてセンスが良いと感じるとき、［b］ある製菓会社のプディングのコマーシャルは別の会社のよりも迫力に乏しいと思うとき、それは広告されているプディング同士の差異を問題にしているのではない。それは、プディングと(3)は独立して、「広告の巨大なる集合」の中における広告それ自体のあいだの差異を問題にしているのである。

広告と広告とのあいだの差異――それは、広告が本来媒介すべき商品と商品とのあいだの差異に還元しえない、いわば「過剰な」差異である。それゆえそれは、たとえばセンスの良し悪しとか迫力の有る無しとかいうような、違うから違うとしか言いようのない差異、すなわち④客観的対応物を欠いた差異そのものとしての差異としてあらわれる。

だが、広告が広告であることから生まれるこの過剰であるがゆえに純粋な差異こそ、まさに企業の広告活動の拠って立つ基盤なのである。

言語についてソシュールは、「すべては対立として用いられた差異にすぎず、対立が価値を生み出す」と述べているが、それはそのまま広告についてもあてはまる。差異のないところに価値は存在せず、差異こそ価値を生み出す。もし広告が単に商品の媒介にすぎず、広告のあいだの差異がすべて商品のあいだの差異に還元できるなら、企業にとってわざわざ広告活動をする理由はない。企業が広告にお金を出すのは、ひとえに広告の生み出す過剰なる差異性のためなのである。すなわち、広告とは、それが商品という実体の裏付けをもつからではなく、逆にそれがそのような⑤客観的対応物を欠いた差異そのものとしての差異を作り出してしまうからこそ、商品の価値に帰着しえないそれ自身の価値をもつのである。

ところで資本主義においては、いかなる価値もお金で売り買いできる商品となるといえる。[C]、当然広告も商品となる。いや、実際、広告に関連する企業支出はＧＮＰの一パーセント近くも占めている。これは、現代ではあまりにも身近な事実であり、人をことさら驚かせはしない。だが、それはその実、本来商品について語る媒介としての広告が、同時にそれ自体商品となって他の商品とともに売り買いされてしまうという、まさにライオンやトラやウサギとともに動物なるものが生息している光景とその奇妙さにおいてなんら変わるところのない形而上学的な逆説なのである。

貨幣についての真の考察は、それが形而上学的な奇妙さに満ち満ちた存在であることへの驚きから始まった。広告が形而上学的な奇妙さに満ち満ちた存在であることへの驚き――それは、広告についての真の考察の第一歩である。いや、少なくともそれは、広告という現象の浅薄さをただ糾弾したり、広告という現象の華やかさとただ戯れたりする言説に溢れている現代において、いささかなりとも差異性をもった言説を作り出すはずのものである。

問一 空欄a〜cに入る最も適当な語を、次のイ〜ホからそれぞれ一つずつ選び、マークせよ。

a　イ　だが　ロ　つまり　ハ　もとより　ニ　なぜなら　ホ　たとえば

b　イ　もちろん　ロ　あるいは　ハ　けれども　ニ　とりわけ　ホ　やはり

c　イ　いわば　ロ　もっとも　ハ　なぜなら　ニ　それゆえ　ホ　なるほど

問二 空欄（甲）に入る最も適当な語を、次のイ〜へから一つ選び、マークせよ。

イ　商品　ロ　証明　ハ　味覚　ニ　本質　ホ　広告　へ　虚像

問三 傍線部（1）「『動物』なるものが闊歩している」とあるが、筆者は動物にカギ括弧をつけることによってどのようなことを強調しているのか。次のイ〜ホから最も適当なものを一つ選び、マークせよ。

イ　固有名詞と普通名詞とが混在していることを強調している。

ロ　非現実的な生態系に分類していることを強調している。

ハ　概念的な存在として独立していることを強調している。

ニ　種類の異なる動物が現実社会にいることを強調している。
ホ　現実の動物と観念としての動物とが名辞を共有していることを強調している。

問四　傍線部（2）「二重の存在なのである」とあるが、これを広告についてどのように説明しているか。問題文中から五十五字以内で抜き出して記せ（句読点も字数に含むものとする）。

問五　傍線部（3）「広告それ自体のあいだの差異」の本質を筆者はどのように理解しているのか。次のイ〜ホから最も適当なものを一つ選び、マークせよ。

イ　商品と商品とのあいだの差異
ロ　客観的対応物を欠いた差異
ハ　センスの良し悪しにかかわる差異
ニ　表面上で比較される差異
ホ　広告の宿命としての差異

問六　傍線部（4）「客観的対応物を〜あらわれる」とあるが、このことによって広告は何を得るといえるのか。問題文中から二十五字以内で抜き出して記せ（句読点も字数に含むものとする）。

問七　傍線部（5）「客観的対応物」はどのように言い換えられているか。次のイ〜ホから最も適当なものを一つ選び、マークせよ。

イ　価値の尺度　　ロ　逆説的存在
ハ　巨大なる集合　　ニ　商品という実体
ホ　華やかな現象

問八　問題文において述べられている「広告」の意味として、次のイ〜ホから最も適当なものを一つ選び、マークせよ。

イ　広告と広告との差異には、違うから違うとしか言いようのない「過剰な」差異がある。
ロ　広告は商品の価値を比較することに意味があり、それ以上の付加価値はほとんどない。
ハ　広告と広告との差異は本来媒介すべき商品

と商品とのあいだの差異に依拠するものであるといえる。

ニ　資本主義社会の中にあって消費者は広告という媒介だけでは商品そのものの比較が出来なくなっている。

ホ　広告とはつねに商品についての広告であるとともに商品同士の差異性だけを問題にしている。

問九　問題文の内容と合致しているものを次のイ〜ヘから二つ選び、マークせよ。

イ　形而上学的な現代は、広告の華やかさと戯れによって窒息状態に陥っている。

ロ　資本主義社会においては、プディングは広告の媒介によって等価交換される。

ハ　商品同士の差異よりも広告同士の差異が、資本主義社会では問題にされる。

ニ　広告の巨大なる集合の中には、客観的な商品それ自体の過剰な差異がある。

ホ　差異性こそが商品の過剰なる価値を生み出し、企業の広報活動をうながす。

ヘ　商品世界における貨幣は、形而上学的な奇妙さに満ちた逆説的な存在である。

問十　問題文の表題として最も適当なものを次のイ〜ホから一つ選び、マークせよ。

イ　広告の形而上学　　ロ　広告の付加価値

ハ　広告の比較検討　　ニ　広告の経営戦略

ホ　広告の商品価値

※岩井克人「ヴェニスの商人の資本論」〈広告の形而上学〉の一節。

出題は関西学院大学商学部（一九九八年度）。出典は岩井克人『ヴェニスの商人の資本論』（ちくま学芸文庫、一九九二年）。一九九六年度に、専修大学経済学部でまったく同一の箇所が出題されている。この本に収められている「ホンモノのおカネの作り方」はいくつかの高校国語の教科書にも収録されているから、見たことのある名前だと思った人も多いと思う。

この文章を読んで、思い出したことがある。一九八三年に、大橋巨泉の司会で「世界まるごとHOWマッチ」（TBS）というクイズ番組が始まった。これは、世界各国の人に、個人的な思い出の品など、商品にならないもの、商品になっていないものに値段を付けさせて、その金額を、ドルやマルクといったその国の貨幣単位で当てる趣向だった。一見いま流行の「開運！なんでも鑑定団」（テレビ東京）に似ているが、かなり違う。

「開運！なんでも鑑定団」は、専門の鑑定士が骨董品などを鑑定して、値段を付ける趣向である。骨董品は実際に商品価値を持つ。しかし、「世界まるごとHOWマッチ」で値段を付けられるのは、思い出の品や趣味で作ったものなど個人的な「お宝」が主だったのである。つまり、「HOWマッチ」ではいわば個人の心に値段が付けられていたのだ。何でもお金に換算できるという拝金思想がこの番組の背景にはある。もう少しスマートにいえば、**何でも貨幣という記号に置き換えることができるという思想**がある。いかにもポストモダン流行《ばやり》のこの時代らしい番組である。まことにテレビは時代を映す鏡だ。

日本ではフランスの思想家リオタールの『ポスト・モダンの条件』(書肆風の薔薇、現在の水声社)も一九八六年の刊行で、このあたりがポストモダン思想の最盛期だった。『ヴェニスの商人の資本論』初版の刊行は一九八五年。**ポストモダン思想の中心概念は「記号」**。**世界は記号の集成**だと考えるのである。岩井克人の広告論はポストモダン思想の典型である。

この文章の基本は、ソシュールの言語学にある。ソシュールによれば、言語は**差異の体系**である。ここで肝心なのは、言語は現実の事物を指し示すのではないということだ。「犬」という言葉は、現実の個々の犬を指し示さない。「犬」という言葉は、「猫」でも「狼」でもない、ある種の動物のグループが持つイメージを指すにすぎない。**言語は現実から自立した差異の体系**である。では、言葉の意味はどのように生成するのか。ソシュールによれば、言葉の意味はほかの言葉との差によって作り出されると言う。たとえば、「美しい」という言葉を辞書で引くと、「うるわしい」とか「きれい」というふうに、ほかの言葉で置き換えて説明している。しかし、「うるわしい」と思ったら「うるわしい」と言えばいいし、「きれい」と思ったら「きれい」と言えばいい。わざわざ「美しい」と言う必要はないのだ。ほかの言葉でも事情は同じである。

つまり、「美しい」の意味は「美しい」でしかあり得ないということだ。もし「美しい」の意味を説明しようとすれば、「『うるわしい』でも『きれい』でも『……』でもない意味」という具合に、永遠に「〜でない意味」という否定形をくりかえさなければならない。または、『美しい』の意味は、『美しい』以外のすべて言葉の意味ではない意味」とでも言うしかない。つまり、「美しい」という言葉自体には意味はないのだ。意味は、ほかの言葉との差によって生成する。「きれい」と「うるわしい」との違い（差異）が「美しい」の意味なのだ。

　これをたとえてみれば、ジャンケンのようなものだと言っていい。ジャンケンにおけるグーは、それ自体では何ものをも意味しない。パーに負け、チョキに勝つことによって、グーははじめて意味を持つ。つまり、**差異のみが意味を作る**。

　岩井克人は、広告も同じだという。〈広告は商品の差異を反映しているところに広告としての存在意義があるのではなく、広告どうしの差異によってしか存在意義を持たない〉（主題文）というのである。**広告は商品から自立して、広告だけの差異の体系を作っている**のである。商品の付属品ではなく、商品から自立しているので、広告自体も一つの商品となりうる。岩井は、そのようなあり方を「『過剰』な差異」（六十二行目）と呼んでいる。

　僕は先に、大衆社会とは恐ろしく均質化した社会だと言った。そういう均質化した社会だからこそ、**大衆は小さな違い（差異）に自分のアイデンティティを賭ける**のである。ブランド品のように、「みんな」とほんのちょっと違ったものを持っていることに、自分らしさを見いだすのだ。広告はこのような大衆のいじましい心理を巧みに利用したメディアだと言える。

ここで、設問を解こう。全体に素直な良問だと思う。

問一。aは、「食べたいけど食べられない」状況だから「だが」のイ。bは、空欄の前後が並列関係だから「あるいは」のロ。cは、空欄の前で理由を述べているから、「それゆえ」のニ。いずれも易しい。

問二。三十六行目から三十九行目を読めば、「広告」のホだとすぐにわかる。直前の「コマーシャル」と同語反復だし、どうしてこんなところを空欄にしたのか理解に苦しむ。

問三。動物という名の生き物はいない。動物は個々の生き物の総称である。この文章ではこの「動物なるもの」は「貨幣」や「広告」と同じようなものと考えられている。「貨幣」も「広告」も商品から自立していた。したがって、ハを選ぶ。

問四。「貨幣」は「一般的な価値の尺度」であり、同時にそれ自身が「商品」でもある。広告も同様だとすれば、「〜であり、かつ商品でもある」と述べているところを探せばいいことになる。貨幣と広告とは、論理的に厳密な対応関係にはないから、「まぁ、こういうことを聞きたいんだろうな」と考えて、構文で探すのである。「本来商品について語る媒介としての広告が、同時にそれ自体商品となって他の商品とともに売り買いされてしまう」（九十二〜九十四行目、五十一字）が正解である。くりかえすが、広告が商品から自立するからこそ、広告自体も商品になるのだ。ただの商品の解説なら、それ自体は商品にはならない。

問五。岩井は、広告は言語のようだと言っているのだった。言語は、現実に対応物を持たず、自立した差異の体系によって成立していた。したがって、イのように商品について説明する選択肢は、これ以降の問いでも常に間違いである。正解はロだが、それは「広告の宿命」でもあるような気もするから、ホも気にかかる。でも、ホは「『広告それ自体のあいだの差異』の本質」の説明にはなっていないから、排除できる。

問六。傍線部(4)の「客観的対応物を欠いた差異そのものとしての差異」とは、要するに、言語のように、現実の事物に頼らずにそれ自身で自立した「差異」のことである。広告の場合の「客観的対応物」とは商品のことである。したがって、「商品の価値に帰着しえないそれ自身の価値」(八十四〜八十五行目、十九字)が正解である。設問の指示は二十五字以内だったから、「をもつ」まで入れて二十二字にするほうが無難である。でも、本来は字数制限を二十字以内にするほうが、設問としてはスマートだ。

問七。前の問いでもう答えは出ていた。正解はニである。

問八。問五のところで述べたように、商品について説明したロからホまではすべて間違い。したがって、正解はイである。

問九。イは「窒息状態に陥っている」が間違い。ロは「等価交換される」のところが意味不明。ハは正解。ニは後半がめちゃくちゃ。ホは「商品の過剰なる価値」のところが苦心の間違い。へは正解。

問十。本文に「形而上学」という言葉があふれているから、ごく自然にイとなる。「形而上学」とは世界の根本原理を追究する学問のことを言うが、「形而上」が「形のないもの」という意味なので、広告を形のない商品と考えて、「広告の形而上学」と呼んだのだろう。

これで、大衆消費社会がなぜ広告を必要とするのかがわかった。上野千鶴子が「真理」ではなく「妥当性」を現代社会（民主制）の政治思想を支える基本原理と見なしたように、岩井克人は「商品」ではなく「広告」を現代社会（資本主義）の経済思想を支える基本原理と見なしたのである。**実体のあるものからふわふわした記号へ**という流れが、ポストモダン思想の特徴である。バブリーと言えば確かにバブリーな思想で、不況とともに去る運命にあった。世の中は、いま情報という新たなモノに活路を見いだそうとしている。人文諸科学も、カルチュラル・スタディーズという情報産業に参入したところだ。

最後に、大衆と都市との関係について学んでおこう。

【過去問⑪】都市が大衆を生み出した

次の文を読んで、後の問に答えよ。

現在の都市とは、あらかじめ形式がきまっているのでなく、いろいろな活動が集まって、その総体としてあらわれるものである。かつては形式が先行し、その形式を背景にして活動が意味をもつ場合もあった。しかし、今では、さまざまな活動こそ、形式としての都市を存在させているのである。とくに都市が地域性を無視するメディアの支配によって、より不確定なものになればなるほど、文化から経済にいたるまでの、なんらかの活動が群がっているからこそ、都市と呼ばれるものになるのである。現在、都市の多くがなんらかのイベントを企てているのは、まずこうした活動をさまざまな局面で人工的に立ち上げ、1それによって都市を活気ある状態におこうとしているのである。しかしこうしたイベント願望は、裏を返せば衰亡にたいする恐怖があるということになる。たしかに都市は衰亡することがある。たとえばかつては企業城下町などと呼ばれた都市は、その企業の盛衰にどれほど左右されてきたことか。この企業都市の挫折の例はアメリカにも多く見られた。

この種の恐怖を考えていると、いくつかの仮定をしてみたくなる。たとえば集合としての都市にも、フロイト的な欲動、心的エネルギーを想定することができるかもしれない。それは衰亡、すなわち死によって引き起こされる緊張から生まれているのだろうか。都市が人間の集合である以上、そこにもある種の意識されない深い領域があると仮定できなくはない。深層でなにが動いているかはたしかに分からない。これは仮定にすぎない。しかし、次のように考えることは仮定ではない。

昔、人間の集合体に、疲労や衰亡があらわれると、一旦は正常な状態の社会を攪乱し、場合によっては秩序を転覆させる出来事を引き起こし、その騒乱の経過によって劇的に初源の生命を取り戻すといった文化のダイナミズムをめざした仕掛けがあった。ロシアの偉大な文学の理論家ミハイル・バフチンが唱えた「カーニヴァル」論は、この文化再生のダイナミズムについてであり、[2]肯定に向けての逆転をはらんだ、破壊的かつ陽気な狂乱を取り上げたものであった。バフチン流のカーニヴァル論は既存の秩序から社会を解放し、同時にあたらしい統合に向かうことを意味していた。

このカーニヴァル的狂乱は、ある程度の規模の共同体での民衆を背景にすると可能であったが、今日の都市のスケールでは、すでに効果はない。われわれは一九六〇年代の終わりに都市全体を巻き込むほどの政治的反抗を目撃した。パリでは五月革命と呼ばれた学生の反乱は世界中にひろがった。東京でも街頭での学生と機動隊の激突がしばしば見られたものである。その凄まじさは、たしかにカーニヴァル的といっていいスペクタクルであったし、それは文化の制度にたいする反抗であった。ちょうどベトナム戦争への反対とも重なった。それは祝祭の復権と呼ばれたことがあった。しかし結果は知ってのとおりである。現在の都市はあまりにも膨張し、巨大な力に接続し、もはや単純なカーニヴァル的出来事では文化に生命を取り戻すことができないのが、かえって歴然としたのであった。しかしこの経験は、その後の歴史や社会についての認識の革新には大きな影響を残した。

たしかにカーニヴァルは乱痴気騒ぎとはいえ、徹底的な破壊行為ではなかった。イギリスの批評家テリー・イーグルトンは、その騒乱的な逆転劇の性格を認めながら、[3]適切にも「認可された出来事」と批評している。イベントともなれば、なおさら公に認可された出来事であることはいうまでもない。それは都市にどんな効果をもたらすのか。

理由はともあれ、都市は衰亡することに極度に不安であり、しかもユートピアは描くにも描けないことを諸般の事情のなかで知悉しているときに、衰亡を回避しようとしてイベントが構想されるのである。イベントは永続的ではなく、根も葉もないでっちあげである場合を含めても、4都市の活動を表象する記号的行為であることは認めておかねばならない。イベントとは、カーニヴァルが通用しないまでに構造が変質した都市が、衰亡を防ぐ仕掛けなのである。都市は、経済的活動の充足を期待するためにも、みせかけにしろなんらかの生命を賦活するイベントの発生を利用しないかぎり、次第に老朽化していくことを知っているのである。

そのために建築物を有名建築家に建て替えさせたり、スポーツ施設をつくって群衆を発生させたり、ショッピング・センターを建設して沸き返るような消費現象をつくることに熱中する。それは多少とも［X］性をもった企画である。ときにはこうした都市の改造のために、［Y］性のイベントが利用されることがある。たとえばずっと昔のことになるが、東京オリンピックは、東京を改造するためにフル活用されたイベントであった。イベントは人びとのあいだにひとつの活気ある接触を生む「文化」的な場をつくる口実である。

イベントはあくまで文化的でなければならないのである。かりに特産品を売り出すにしても、物に文化的な意味をあたえないでは経済効果も獲得できない。この曖昧な文化という概念をはっきりさせないまま、都市行政では文化という言葉だけが動いている。ドイツの歴史社会学者ノルベルト・エリアスが文化を二つに分けて定義するのは、傾聴に値する意見である。ひとつは美的ないしは知的な作品が社会に登場する仕方である。もうひとつは普通の生活のことである。しかし芸術家ないしは思想家というものは、決して社会全体に影響をもち関与するものではないし、大衆はこうした知的生産物に直に接触するのではなく、何重かのメディアを通して経験するにすぎない。極言すると、現代の芸術や思想は決して大衆に関係のない、だがいつの日か、もうひとつの文化（生活）

に浸透している可能性がありうる高度の認識と想像力に属するものである。

しかしもうひとつの文化としてのごく普通の生活実践は、都市を構成している中心的な活動のひとつであり、社会をある方向に向けて統合していくほどの感情の力をもつし、それはある時代の世界像にも深くかかわっている。このような意味での文化は、やがて制度を形成していく萌芽でもあれば、人間相互を関係づけている構成力でもある。いうまでもなくそれは意味の世界を構成している。現在のイベントがしきりに「文化」を強調するとき、こうした文化の二つの意味が曖昧にされている。イベントで使いうる「文化」という言葉は決して芸術や思想をさす言葉ではない。イベントは、この普通の生活文化を領域とするものでありながら、それを非日常化してみせる表象行為である。この文化における非日常性は、気晴らしやエンターテイメントというかたちをとるのが普通である。都市の行政者たちは、このようなアミューズメントが、都市全体にかかわる「文化」の一面であるということをしばしば忘れているが、そのことが根本的な間違いを引き起こすのである。

（多木浩二の文による）

問1　空白部X・Yには、対義となる語が入る。それぞれを埋めるのに最も適当なものを左の中から選び、その番号をマークせよ。

1　偶然　2　現実　3　一般
4　恒常　5　必然　6　個別
7　一過　8　幻想　9　集中
10　分散

問2　傍線部1「それによって都市を活気ある状態におこうとしているのである」とあるが、なぜそうしなければならないのか。その理由を具体的に説明している段落の最初の五字を記せ。ただし、句読点は字数に算入するものとする。

問3　傍線部2「肯定に向けての逆転」とある

が、「肯定」の具体的内容を示している部分を本文中から十五字以内で抜き出し、そのままの形で記せ。ただし句読点は字数に算入するものとする。

問4 傍線部3「適切にも『認可された出来事』と批評している」とあるが、イーグルトンはなぜそういうのか。その理由を二十五字以内で記せ。ただし、句読点は字数に算入するものとする。

問5 傍線部4「都市の活動を表象する記号的行為」とあるが、どのようなことをいおうとしているのか。最も適当なものを左の中から選び、その番号をマークせよ。

1 都市を活動の実体のない虚構としてしまうこと
2 都市の活動をあらかじめ決まった形式として表現すること
3 都市の活動に文化的な意味を与えること
4 都市の活動の構造を変質させること
5 都市の活動を活気づける消費行為を作り出すこと

問6 傍線部5「このような意味での文化」とあるが、ここでいう「文化」とは、具体的には何をさしているか。本文中から十字以内で抜き出し、そのままの形で記せ。ただし、句読点は字数に算入するものとする。

問7 傍線部6「非日常化」とは、どのようなことをいうのか。最も適当なものを左の中から選び、その番号をマークせよ。

1 生活の意味を逆転させること
2 大衆から切断されること
3 芸術によって新感覚を表現すること
4 見なれたものを目新しくすること
5 芸術や思想を娯楽にしてしまうこと

問8 傍線部7「根本的な間違いを引き起こす」とあるが、次の1〜5は、「根本的な間違い」

を引き起こす原因となる考え方を例示したものである。ただし、一つだけ適当でないものが含まれている。その番号をマークせよ。

1 特別の教養によって理解しうる高級文化のみを文化と考えている

2 イベントを経済効果をあげるための手段としてのみ考えている

3 娯楽の中にも都市生活を変化させる可能性があると考えている

4 芸術や思想と日常生活がまったく無関係だと考えている

5 イベントが都市住民の生活にかかわっていないと考えている

問9 次のイ〜チについて、本文の趣旨に合致するものはaを、そうでないものはbを、それぞれマークせよ。

イ カーニヴァルが衰亡した後、文化的な場をつくるためにイベントが自然発生的に行われるようになった

ロ イベントには都市のユートピア的未来像を予示するはたらきがある

ハ 現代の都市をカーニヴァル的祝祭によって活性化することができる

ニ バフチンのカーニヴァル論は、その破壊的側面を強調した危険なものである

ホ 都市の活動にも人間の無意識と同じようなうかがいしれない領域を想定することができるかもしれない

ヘ 有名建築家に建築を建て替えさせることは、都市を活性化する一つの手だてである

ト イベントは公認された出来事であるが、カーニヴァルは公認されえない出来事である

チ イベントは芸術と同じように、最初は大衆と関係ないが、やがて大衆の生活に浸透してゆく

出題は甲南大学文学部・法学部（一九九六年度）。出典は多木浩二『都市の政治学』（岩波新書、一九九四年）。この本も大学入試では人気で、上智大学や早稲田大学でも出題された。

この文章は、都市が記号の集成であることを前提とした上で、都市と大衆文化との関係について分析している。先に、インターネットが孤立した大衆を大量に発生させる可能性があると言ったが、それでも現代社会において大衆の住む場所は都市である。都市は、ただ多くの人が住むだけの器ではない。**都市は人々を大衆に変容させる装置**だと言っていいかもしれない。

多木は、この本の別のところで、「共同体の否定を介して、近代の都市は生み出された」と言っているが、では、共同体はいかにして共同体であり続けることができたのか。そのための装置がカーニヴァルである。バフチンの言うカーニヴァルは〈中心／周縁〉という二項対立で説明できる。秩序化された共同体の中心の活動が停滞して衰退の兆しが現れると、共同体を活性化するために、周縁を中心に引き入れて、一時的な秩序の転覆を図ろうとする。それがカーニヴァルである。カーニヴァルでは、乞食（周縁的存在）が王様（中心的存在）になったり、王様が乞食になったり、ふだんなら許されないような秩序の転覆が許される。その結果、共同体に新しい命が吹き込まれ、カーニヴァル（祝祭）のあとには、共同体の秩序は更新される。共同体にとって、**カ**

ーニヴァルは死と再生の儀式なのである。それは、共同体という同一性を維持する装置が、周縁を引き入れることで差異を作り出そうとする試みだとも言える。

多木によれば、**共同体のカーニヴァルはいわば管理された革命であり、現代都市のイベントはいわば管理されたカーニヴァルである。**イベントは、革命のような過激さからははるかに遠く、カーニヴァルのような自然からも離れるが、**現代都市ではイベントこそが「文化に生命を取り戻す」**（五十七〜五十八行目）**方法なのである**（主題文）。ただし、文化には二種類あるのに、そのことを理解しないと間違いが起こると言っている。

その間違いの中味は本文には書かれていない。その尻切れトンボなところが、問8の聞き方にまで影響している。分量の関係だろうが、僕なら、フロイトについて述べた二十一行目から三十行目までをカットして、間違いの中味に触れた十数行を付け加える。原文にまったく手を加えないのも一つの見識だが（実際には、この問題ではほんの少し加工してある）、限られたスペースなのだから、起承転結をはっきりさせるために、入試問題では多少の加工はやむを得ないのではないだろうか。

ただし、フロイトに触れた一節は、都市論にとってかなり重要なポイントでもある。都市に無意識（深層）を想定することは、都市が目に見える権力や経済原理によってのみ動かされるものではなく、それ自体で自立した力によって活動するものだということになるからである。これは、本文中頃《なかごろ》の、文化に二つあると説くところと関わるので、問6のところで触れることにする。

では、設問を解こう。

問1。設問で「対義語」が入ると言っているのだから、選択肢を対に組んでみる必要がある。〈1偶然／5必然〉〈2現実／8幻想〉〈3一般／6個別〉〈4恒常／7一過〉〈9集中／10分散〉、こんな具合である。選択肢をジッと見つめていると〈3一般／6個別〉〈4恒常／7一過〉の組が似ていることに気づく。この二組がアヤシイ。ところが、〈3一般／6個別〉のほうだと、Yが「個別性のイベント」となって、日本語としてやや不自然になる。そこで、正解は〈4恒常／7一過〉の組だということがわかる。これは、**日本語に対する感覚だけをたよりに正解を出す方法**だ。

もちろん、まともに考えてもいい。多木はカーニヴァルは一時的なものだと言っていた。飼い慣らされたカーニヴァルであるイベントも「永続的」（七十三行目）なものではない。八十二行目からの段落では、この点を踏まえて、確かにスポーツ施設やショッピング・センターの建設のようにある程度「恒常性」を持つイベントも都市を活性化させるために利用されるが、しかし本質的には都市を活性化させるのはオリンピックのように「一過性」のイベントだ、と言っているところなのである。この文脈をたどれば、正解は出せる。

問2。たいへん素直な設問である。都市はなぜイベントによって活気ある状態をつくろうとするのかという問いに答えている段落は、「理由はともあれ」(六十九行目)以下である。「衰亡を回避しようとしてイベントが構想される」ときちんと理由を述べている。

問3。やや意図のわかりにくい設問である。「具体的」に述べているところを抜き出せというときには、同じことを抽象的に述べているところが他にあって、「具体的」という指示によって答えの場所を一カ所に決めたい場合が多い。ただ、**たいていの場合、設問者が何を「具体的」と考えているのかはたいへんわかりづらい。**ここもそんな感じである。そもそも「肯定に向けての逆転」という言い方が少しこなれていない。だからこそ、「悪文が出題される」という法則によって設問となっているのだが、ここは「何か良い状態のために逆転が求められている」というようなことを言っているのだと理解して、文脈を押さえよう。

傍線部2の直前に「この文化再生のダイナミズム」とある。この「この」をたどると、少し前に「文化のダイナミズムをめざした仕掛け」(三十五行目)とある。この「文化のダイナミズムをめざした仕掛け」の具体的な内容とは直前の「その騒乱の経過によって劇的に初源の生命を取り戻す」ことである。どうやら「劇的に初源の生命を取り戻す」(十三字)が答えらしい。文脈上はこれが最もふさわしいが、五十七〜五十八行目の「文化に生命を取り戻す」(十字)が出たらどうするのだろうか。「具体性」に乏しい点においては五十歩百歩である。「文化に生命を取り戻す」に△を付けないなら、格好は悪いが「十一字以上十五字以内」という限定を付けたほうがいい。

問4。この規模（レベルではない。受験者数のことだ）の私立大学で記述問題を出すのはかなりの見識である。だが、採点の手間を考えると、解答に幅の出る記述問題は出せない。受験生としては、そう踏んで考えるといい。ここも、直前の「たしかにカーニヴァルは乱痴気騒ぎとはいえ、徹底的な破壊行為ではなかった」（六十二〜六十三行目）をそのまま使う。「カーニヴァルは徹底的な破壊行為ではなかったから。」（二十四字）でいい。「カーニヴァルの破壊は飼い慣らされたものだから。」（二十三字）とか「カーニヴァルは新たな統合を志向しているから。」（二十二字）とか「カーニヴァルは文化再生のための仕掛けだから。」（二十二字）とか「カーニヴァルの逆転は結局は劇にすぎないから。」（二十二字）とか「カーニヴァルの逆転劇は最終的には修復されるから。」（二十四字）とか、ほかにも答え方はいくらでもあるが、これは余計なエネルギーを使って冒険をする設問ではない。

問5。傍線部4の「記号的行為」とは、ある事実に事実以上の意味を与えることを言う。百十八行目で「意味の世界を構成している」と言い換えている。ここでは、イベントにたんなるイベント以上の意味を与えることを言っている。したがって、正解は「都市の活動に文化的な意味を与えること」の3である。この選択肢は、本文後半の趣旨も含んだものになっている。正解を得ることで、全体の趣旨についてのヒントが得られる親切な設問だ。なお、「記号的行為」は、文脈によっては1のようなややシニカルな意味で使われることもあり得る。

問6。傍線部5の「このような」をたどれば、百十一〜百十二行目の「もう一つの文化としてのごく普通の生活実践」に行き着く。正解は「ごく普通の生活実践」(九字)である。ごく簡単な設問だが、「生活」が文化だということを、受験生に確認させたかったのである。ただし、ここも「普通の生活」(百二行目)が出たらどうするのか。これを正解から排除したいのなら、みっともないが「六字以上十字以内」という限定が必要だ。

前の段落で述べられているように、ふつう文化というと芸術のようなものだけを指すように考えがちだが、ここでは「ごく普通の生活実践」も文化だと説いている。このことの意味は大きい。日々の生活がたんに経済的動機によってのみ営まれるのではなく、それ自体が一つの自立したシステムだということになるからである。また、日々の生活は、「芸術」のような高尚な認識の活動によって外側から意味づけられる客体なのではなく、それ自体が文化として自立した主体だということになるからである。

たとえて言えば、「芸術」が「頭」で「生活」が「体」だと考えるのがこれまでの考え方で、「生活」も「頭」だと考えるのがここでの立場なのである。そう考えてこそ、大衆という自らの顔を持たない階層が、都市の無意識(深層)を表象する思想を持つことができると言い得るのだ。都市が、どこか外からやって来た権力によってではなく、自らの求めるところによってイベントを必要とするのも、こうした理由による。

問題全体について言えば、多木浩二の本からせっかくこの一節を出題したのだから、このあたりの事情を深く問う設問が一つぐらいは設けられてもよかったと思う。

問7。「非日常化」はロシア・フォルマリズムという芸術家の一派によって用いられ始めた用語で、最近は「異化」と言われることが多い。たとえば、道で石を見たときに、すぐに「これは石だ」とその名前で呼んでしまわずに、それを初めて見たもののように感じ、表現することをいう。つまり、「見なれたものを目新しくすること」の4が正解。イベントには、このような形でのカーニヴァル効果とでもいうべきものがあるということだ。消去法を使えば、2が見当違いで、「芸術や思想をさす言葉ではない」（百二十二行目）とあるから3と5が消え、というところまではたどり着けるが、1があまりに良くできたダミーであるだけに、1か4かは文脈からだけでは判断し難《がた》い。僕なら、1の選択肢を削除するか差し替えるかする。**専門用語に関する設問はできるだけ控えたいものだ。**

問8。本当なら、「『根本的な間違い』とは何か」と問いかけたいところだが、先に述べたように、この後に続く部分をカットしたためにこういう聞き方になった。聞き方は複雑だが、要するに本文の論旨に合った正しい考えを選べということだ。正しい考えなら「間違い」は侵さないからだ。1は普通の生活も文化だという趣旨に反するから×。2はイベントは文化だという趣旨に反するから×。4は1と同じ理由で×。5は全然見当はずれで×。正解は3だ。

問9。僕なら、問8まででやめておくが、設問数が少なかったのだろうか。とにかく解いてみよう。イは「自然発生的に」が間違いでb。ロは「ユートピア的未来像」が間違いでb。ハは「カーニヴァル的祝祭」が間違いでb。ニは見当違いでb。ホはa。ヘもa。トは「公認され得ない」が間違いでb。チは「芸術と同じように、最初は大衆と関係ないが」が間違いでb。

多木は、この本文として引用された部分の後で〈普通の生活そのものが文化であるのに、文化が生活の余剰物であると勘違いするために、文化に特別な意味を与えようとして、本来無根拠なイベントにナショナリズムと言った合理化を求める愚を犯すのだ〉という趣旨のことを言っている。オリンピックがその典型である。国際的なイベントほどナショナリズムがむきだしになる。しかし、もともとイベントは都市が自らを活性化させるため以上に何の根拠も理由も持たない文化的装置なのだ。現代の大衆は、そのことに耐えなければならない。大衆が自らの顔を見ようと望むとき、つまり、自らの根拠を求めるとき、ロクなことは起きないからだ。

今村仁司『**群衆——モンスターの誕生**』（ちくま新書）

十九世紀に、「労働貧民」として知識人に**発見**された群衆が、その後どんなふうにして近代社会の主役にまで上り詰めたのかを、わかりやすく説く。ただし、今村の多くの本がそうであるように、説明が現代にまで十分に届いていない、と僕は思う。もっとも、今村は意識的に守備範囲を近代に限定しているようだ。

多木浩二『**都市の政治学**』(岩波新書)

大衆が生まれ、生きる場所である都市を、一つの思想として読み解いてゆく。鉄道や飛行機や情報が世界中の都市という都市を結びつけている現実を「都市は世界化している」。あるいは世界は都市化している」と結論する。グローバル・スタンダードにたどり着くまでの都市の力学を説く。

苅谷剛彦『**大衆教育社会のゆくえ**』(中公新書)

副題は「学歴主義と平等神話の戦後史」。戦後の学歴社会は、階層文化を崩し、エリートを大衆のなかのたんなる優等生に仕立て上げることに成功したが、そのことが実は高学校歴を得るために厳然と存在している社会階層間の不平等を覆い隠してきたという論旨は、明快だ。苅谷はいま、学力低下を招くとして文部省の教育改革にたいして批判の論陣を張っている。たしかに、今度の改革で高学校歴を手にするのはますます少数の階層に限られるだろう。かといって、AO入試が主流になれば、学校が人格を判定する恐怖の学校社会がやってくる。学校が人格に触れることは否定しない。だが、学校は学力以外は判定しない。それが僕の立場だ。

三浦展『**「家族」と「幸福」の戦後史**』(講談社現代新書)

サブタイトルは「郊外の夢と現実」。近代日本において、実は大衆は都市にだけ収まっていたのではない。郊外という都市のフロンティアが大衆を吸収し続け、そのために都市の周縁は膨張し続けたのである。明治期には東京の郊外は渋谷や代々木や目黒あたりを指し、大正期になると多摩地区と横浜との二方向に向けて西のほうに延びてゆくのだが、「郊外への膨張」は、この時期からすでにサラリーマンの夢を実現する場所でもあり、同時にいかがわしい事件の起きる場所として、社会問題となっていた。

最近になって、ニュータウンに住む十四歳の少年による神戸の不幸な事件などを契機に、近代社会の歪みを一身に引き受ける場所として郊外が注目され始めたが、都市のフロンティアである郊外に対する羨望と恐怖、この構図は明治の終わり頃から現在に至るまで少しも変わっていないことになる。たとえば、いま東京では学校群制度によって壊滅した都立高校の復活が目論《もくろ》まれているが、東京の周辺部からも生徒を集められる場所にある西、戸山はともかく、都心にありすぎる日比谷（かつての名門、旧制府立一中！）の復活はまずあり得ないと言われている。有望なのは郊外（多摩地区）に位置する国立《くにたち》と八王子東の二校である。学歴社会の光と影もまた郊外に典型的な形で現れるのだ。

三浦は郊外をほぼ全否定している。『パラサイト・シングルの時代』の山田昌弘と同様、三浦も人口問題審議会の専門委員だそうで、政府の回し者みたいな感じだし、いまさら「共同性の欠如」などという超保守的な感覚で郊外を批判する時代錯誤の論調は、とくにニュータウンという名の郊外に住む僕には、あまりにも一面的にすぎるように見えて、不愉快でさえある。郊外で「事件」が起きるのは、そこが都市のフロンティアだという証《あかし》ではないのか。

ただし、これはもはや過去形の話だ。都心回帰の流れがもう止められない以上、これからは、僕たちは郊外の縮小にともなう荒廃を見届けなくてはならないだろう。郊外に育った君たちはどう考えるのか、それを知りたい。

第六章

その価値は誰が決めるのか

——情報

よく語られるたとえ話に、犬が人間に嚙みついてもニュースにならないが、人間が犬に嚙みついたらニュースになるというのがある。実際には、犬が人間に嚙みついて大怪我を負わせたら十分にニュースになっているのだが、たとえ話の趣旨としては、前者は珍しくもないからニュースにならないが、後者は珍しいから情報としての価値があるということなのだろう。だが、このたとえ話で重要なのは、**いったい誰が情報としての価値を決めるのか**ということだ。

一九九九年に、ある会社員が、巨大総合電機メーカーの対応の不備をインターネットで告発したことがあった。この会社員のホームページには、数百万回以上のアクセスがあったという。この事例は、これまでは泣き寝入りするしかなかった一消費者が、インターネットという武器を手にすれば大企業を相手に互角に渡り合うことができるという、インターネット時代の象徴として喧伝された。これまで情報の受け手でしかなかった消費者が情報の発信者になることで、権力の構造が大きく変容する予感が人々を捉えたのである。

たしかに、インターネット上の情報は、便利なだけでなく、アナーキーな面白さがある。一方、それと裏表の関係だが、無責任さと、これまでなかったタイプの新しい犯罪と隣り合わせの危険とが混在してもいる。また、独り言のような情報があふれることによって、公と個人との境界がこれまでよりも格段に低くなったこともたしかである。一個人が見も知らぬ何万人もの他人とコミュニケートでき、そのことによってある種の権力を手に入れることもできた。**権力が分散し始**

めたのだ。

しかし、それを社会問題にまで仕立て上げたのは、依然としてマスメディアの力ではなかっただろうか。先の事例でも、マスメディアが大きな役割を果たした。テレビや新聞が大きく取り上げたし、会社員を支持する『週刊朝日』と電機メーカーを支持する『週刊文春』との因縁とも言える場外バトルも話題を大きくした。あるいは、今年発売されたソニーのプレイステーション2でも、マスコミが煽らなければ、あそこまで話題にはならなかったはずである。インターネットでの予約を募ったソニー・コンピュータエンタテインメントは、どう考えても計算通りとしか思えないような回線のパンクというトラブルで、ますますマスメディアの話題をさらったのである（もし、回線のパンクをまったく予想していなかったとしたらただのアホだが、そんなことはあり得ない）。

もちろん、インターネット上での情報交換やネット販売はますます盛んになるだろう。また、非政府組織（NGO）などはインターネットなしではもう成り立たないこともたしかなことらしい。事実、貧しい国の抱える債務の帳消しを主要国会議（サミット）に働きかけているNGO「ジュビリー2000」英国代表であるアン・ペティフォーへのインタビューなどを読むと、インターネットが国境を越えたグローバルなネットワークを作り出していることがよくわかる（『朝日新聞』二〇〇〇年四月三十日）。南アフリカ出身の彼女は、かつてのアパルトヘイト（人種隔離）政策さえも、インターネットがあったらまったく違った様相を呈していたはずだと説く。だが、少なくとも僕がこの運動を知ったのは、この新聞記事によってなのだ。僕が特別に迂闊だったのだろうか。

この構図から引き出せるのは次のようなことだ。たしかに、インターネットによって個人は受信者から発信者に変容し、**権力が分散**した。しかし、**その小さな権力を意味づける権威は依然としてマスメディアの手にある**ということだ。仮に、インターネットによっていったん国家から個人へと権力が分散したとするなら、その分散した小さな権力を意味づけるという意味において、**マスメディアの力はますます強大になる可能性さえある**のではないだろうか。

情報の価値は誰が決めるのか。現状では、マスメディアが手にしている情報の価値を決める権威が増すことがあっても、減ることはないとさえ思える。もし、マスメディアがインターネットに敗北するとしたら、それはインターネット上の情報にある種の検閲か自己規制がかかって、権威付けや正しさの保証が行なわれた場合か、あるいは個人が自己責任においてインターネット上の情報を完全に選択できるようになったときであろう。しかし、前者は、生きた情報が死を迎えるときだし、後者はインターネット上の情報が権威を失うときである。なぜなら、前者においては、インターネット上の情報がマスメディアの流す情報と限りなく近づくことであり、後者の場合は、インターネット上の情報が正しいかどうかを判定する情報を、インターネット以外のメディア、たぶんマスメディアから得るしかないからである。

こうして、インターネットがマスメディアと拮抗する力を得るためには、マスメディアが相手にしないような情報をあふれさせ、**いかがわしさと共に生きるしかない**ということになるのである。**一見無価値に見える情報が氾濫し、個人が恣意的にそれに価値を見いだす構図**が、インターネットをインターネットたらしめているのだ。

しかし、こういうインターネット対マスメディアという構図も、やがて本質的な変化を被る可能性がある。

僕の住むマンションの南側には、道一つ挟んで小学校がよく見える。最近その中の一部屋がパソコンルームに模様替えをして、小学生が講習を受けている。今年中三になる僕の息子はそういう教育をまったく受けていない。放っておくと、息子の世代は**インターネット難民**になってしまう可能性があると危惧している。だが、それはインターネットを学べば済む程度の技術上の問題にすぎない。もっと深刻なのは、早期のパソコン教育によっていまの小学生に起きるであろう**感性の変革**が、息子の世代あたりを境として、僕たちの世代とどのような断絶を引き起こすかということだ。

たとえば、インターネットでの買い物をめぐる議論がある。これからはインターネットでの商取引が主流になるという予測に対して、いや、消費者にとっては実際に都市に出かけて行って買い物をすることがリクリエーションなのだから、インターネットでの商取引が主流になることはないという反論がある。たしかに、**近代都市ではショッピングが消費者に許されたほとんど唯一の社会参加**だった。だから、それは喜びだった。だが、インターネット時代においても同じだとは限らない。女性、なかんずく主婦が大挙してインターネットに参入し始めたら、買い物をめぐる感性は大きな地殻変動を起こすに違いない。

僕たちの世代にとってコンビニはその名の通り便利さを感じさせるお店だが、息子の世代にとってはコンビニはもはや当たり前の存在にすぎない。これが**感性の変革**である。いまの小学生以後の世代に、マスメディアの流す情報よりもインターネット上の情報に価値を感じる感性が生まれたら、いや、インターネットが当たり前という感性が生まれたら、もうインターネット対マスメディアなどという構図は通用しなくなるだろう。そのとき、権力は分散するのか、かえって集中しやすくなるのか、それどころかなくなるのか、その先何が起こるのかは僕にはわからない。それは、インターネット自身にもわからないことだろう。

ちなみに、いま使った「感性の変革」という用語は、僕たちのような近代文学の研究者の間では、明治初期の小説が近代小説になるまでのプロセスを論じた、亀井秀雄という研究者の名著のタイトルとして知られている。ここでは、それを借用したのだ。この本は長らく絶版のままだが、講談社はどうしてこの名著を学術文庫に入れないのだろう。

さて、最初の問題で学びたいのは、少なくとも現在のところはまだ権力を持ち得ているマスメディアに、大衆の顔がどのようにして映し出されるかを論じた文章である。

【過去問⑫】弱者のふりをした権力

次の文章を読んで、後の問い（問1〜6）に答えよ。

一日に放送されるテレビ番組を全部見るには何日もかかるだろう。その情報の山の大半はしかし、知らなくてもよいこと、制作局はちがっても中味は似たりよったりの代物じゃないか、——そう言って非難しても、されたほうは全然こたえないのが大衆文化というものの特徴である。見る、見ないを選択する自由は視聴者の側にあるというわけだ。「俺《おれ》のこと無視してもいいからね」とA枕詞《まくらことば》を用意しておいて語り出すのが現代の大衆文化に行き渡った話法なのである。

ところで、相手を無視する自由にははね返りがある。「文句を言うのはそちらの勝手だけれど、それでこっちの自由を束縛するのは困る」という理屈。「言論・表現の自由」という理念がこの理屈を正当化するために使われることにも注意しておこう。大衆文化の下劣さやずうずうしさがまかり通るのは、「お互いに無視しあう自由」というニヒリズムを武器として懐に隠しもっているからで、これを振りかざせば大抵の批判は、余計なお説教として無視できてしまう。

こういうやり方はじつをいうと、弱者が強者に抵抗するとき使用する「戦術」なのだった。権力者や権威をもった既存の体制にたいして、卑小な自分の言うことなぞ大したことでないのだから目くじら立てるな、と下手に出ながら対手（注1）をこきおろす。まず自分を卑下しておく道化の振りによって、B客観的に存在している権威的（上下の）秩序を観念的に水平にしてしまう巧みな業。大衆文化がこの話法を鍛えてきたのは当然で、権威をもったフォーマル（注2）な文化にたいして、下位文化（sub-culture）はそうやって自己を守り、活動の余地をつくるしかなかった。

しかし、たとえば最初に述べたテレビ番組の場合には事情が相当にちがう。弱者の自己卑下にもとづく開き直り戦術は、相手が強者であり、権力をもっていることが前提にあってはじめて、一種の抵抗だとみなせた。では、テレビは弱者か。後で妄想と言って否定したとはいえ、「テレビが政権をつくった」とばかりに豪語できるほど影響力をもつテレビ放送を弱者に数える者はいないだろう。テレビのもつ大衆的な影響力は今では立派に権威の証明であり、一個人の運命はもちろん、ときには社会システムを揺り動かすほどの力をもっている。

政治権力との対抗関係がないという意味ではないが、マス・メディアは、全体として、現代社会の権力と権威的秩序の一端をになう位置へと変化してきた。Cマス・メディアがつくりだす文化も、したがって大衆文化の多くも、文化という次元のうえで、弱者の抵抗表現を核にした下位文化とはとてもいえない権威的な存在へと変貌《へんぼう》している。大衆文化のつくり手のもつ意識がこの秩序どおりでないとしても、大量生産のかたちを介するかぎり、大衆文化は大衆社会に固有の権威的構造・秩序のなかに組みこまれざるをえない。フォーマルな、権威のある文化に押さえつけられた大衆文化がある、という図式は崩れ、たとえばクラシック音楽とポピュラー音楽との落差にかんして私たちがまだなんとなく感じている、「高級―低級」という文化秩序も実際的には（文化生産とその消費のありようとしては）逆転しつつある。もっとも、日本の場合に、近代市民社会のフォーマルな文化（ブルジョア文化）秩序自体が欧米風に存在していたわけではなく、それもあってますます、大衆文化の覇権がきわだっているのだが。

　大衆文化の話法にもどろう。

　いまでは権威となった[D]大衆文化が、「無視するのはこちらの勝手だ」という論法を駆使するとしたら、それは事実上、相対的弱者にたいして、相手がもっていない権力をふるうことになりはしないか。お互いを無視できる自由という古典的な水平化の理屈は、だから、文化の場での現代的な「権力のふるい方」を助けているのではないか。マス・メディアのふるまいを見るにつけ、表面にはっきりと現れてはこないが、私たちの文化的「自由」を制約している文化的支配の現代型があるのではないか。

　「お互いに無視してよい自由」とは、「だれでも自分の感じたことを自由に述べてよいが、それを他人に押しつけない」ルールとして具体化できる。このルールを踏まえて、なおかつ、述べることに影響力をもたせるためには、「自己」を認めさせること、「自己」の影響力を強めることが一番有効な方法である。「偉い人」の意見も歴史上の知識も統計資料……もいらない。「賛成してくれなくてもいいけど、俺が思ってるのはこういうこと」というメッセージ形式で、その「俺」自体に説得力があれば、主張が通用する。矢沢永吉や長《なが》渕剛《ぶちつよし》などの自己主張のスタイルがそれだ。「無知」であったり、貧しかったり、「高級な文化」にうといことを恥じず、世間から押しつけられたそういう「劣等な」地位を反転させて自己以外の権威を拒絶してみせる彼らのパフォーマンスが、同じ境遇にあると感じている聴き手の熱烈な共感をよぶのである。

昔なら傑出したアジテーター(注3)などとよんだところだろう。ここでは、「自己」になんらかの説得力をもたせることで迂回《うかい》的にその言説の影響力を強める話法を、「自己語り」の形式とよびたい。「自己語り」に巧みだということは、一人の人間の感じ方にすぎないという出発点がいつの間にか逆転して、「あいつの言うことだから信じられる」という感じ方に転化することを意味する。またここで語られる「自己」とは、ある個人がやり遂げた業績とか特別な技能にかんすることがら——たとえば芸談や職人の技術談義、歴史的事件などについての私的メモワール(注4)といった類の——ではない。たとえ直接の話題がそうであっても、それを語る人に特有の感じ方や語り口から構成される個々の人間像が、「自己語り」の「自己」である。

そうした「自己語り」の形式が一般化してくるのは、おそらく、深夜ラジオのディスクジョッキーを担当したパーソナリティあたりからではないか。そしてこの語り口は、フォーク歌手のコンサートでの語りや、ビートたけしのようなマルチ・タレント(?)の「演技」、久米宏など過剰に「人間化」されたニュース・キャスター(注5)の登場によって急速に一般化した。そうなると、「自己語り」の巧みさが、語られることがら自体の説得力や衝撃力とならんで、影響力のもう一つの次元をかたちづくるようになる。

(中西新太郎「文化的支配に抵抗する」による。ただし、本文の一部を省略したところがある。)

(注) 1 対手——たいしゅ。相手。
2 フォーマルな——公式の。
3 アジテーター——扇動する者。
4 メモワール——回想録。
5 ニュース・キャスター——テレビやラジオで、自分の意見を交えながらニュースを伝える人。

問1 傍線部A「枕詞を用意しておいて語り出

すのが現代の大衆文化に行き渡った話法なのである」とあるが、「現代の大衆文化に行き渡った話法」とは、どのような話法か。最も適当なものを、次の①〜⑤のうちから一つ選べ。

① 自らが相手よりも卑小な存在であるために、相手から強い影響を受けたり他と同化したりすることを何よりも恐れて、自説に固執する話法。

② 自らがもともと卑小な存在であるので相手からの反発や挑戦には抗しきれないことを自覚し、説得をあきらめたような投げやりな話法。

③ 自らが社会的に卑小な存在であるがゆえに相手の心を自分の方に引き付けようとして、強い調子で信念をもって相手に語りかける話法。

④ 自らが何よりも卑小な存在であるのに相手の心をまったく理解しようとせず、しかも自分らしさが受け入れられねばならないとする話法。

⑤ 自らがだれよりも卑小な存在であるかのように相手にわざと見せながら、実は相手の考えや立場などを無視して自説を述べる話法。

問2 傍線部B「客観的に存在している権威的（上下の）秩序を観念的に水平にしてしまう」とあるが、それが可能になるのはなぜか。その説明として最も適当なものを、次の①〜⑤のうちから一つ選べ。

① 自ら道化師として振る舞うことによって、既存の文化の持つ秩序を反転させられるから。

② 弱者としての自分を強調することによって、権威者や権威をもった体制の側を油断させられるから。

③ 自らを小さいものにおとしめることによって、世間一般の価値基準の枠組みから抜け出せるから。

④　自分を小さく見せることによって、自分たちだけの世界を持っていることを隠せるから。

⑤　自分は卑小なものであると下手に出ることによって、大衆文化の側に立つことができるから。

問3　傍線部C「マス・メディアがつくりだす文化も、……権威的な存在へと変貌している」とあるが、「権威的な存在へと変貌」するのは、「マス・メディアがつくりだす文化」がどのようにして権威を持つからか。その説明として最も適当なものを、次の①〜⑤のうちから一つ選べ。

①　マス・メディアによってつくられる文化は、開き直り戦術によって活動の余地を作っている下位文化ではないので、社会システムの中での強者と結びつくことによって、権威を持つことになる。

②　マス・メディアによってつくられる文化は、一般に高級と考えられる文化ではないが、近代市民社会に特有な文化として欧米で認められることによって、権威を持つことになる。

③　マス・メディアによってつくられる文化は、大衆に訴える力が強く、大きな影響力のある映像を提供しているテレビ放送をその中心に置くことによって、権威を持つことになる。

④　マス・メディアによってつくられる文化は、大量生産、大量消費というかたちを介することで、大衆の支持を生み出し、そのことによって権威を持つことになる。

⑤　マス・メディアによってつくられる文化は、そのつくり手の意図とはかかわりなく、時には政治的な権力と結びつくことがあり、それによって権威を持つことになる。

問4　傍線部D「大衆文化が……相手がもっていない権力をふるうことになりはしないか」とあるが、ここでいう「権力をふるうこと」とは具体的にはどのようなことか。最も適当なものを、次の①〜⑤のうちから一つ選べ。

① 大衆文化が、大量生産のかたちを取ること。

② 大衆文化が、開き直りを「戦術」として用いること。

③ 大衆文化が、言論・表現の自由という理念を持ち出すこと。

④ 大衆文化が、情報を一方的に流すこと。

⑤ 大衆文化が、「高級─低級」という文化秩序を崩すこと。

問5 本文の論旨に合致するものを、次の①〜⑥のうちから二つ選べ。ただし、解答の順序は問わない。

① テレビは見ても見なくてもいいような番組をたくさん放送しているが、いくら非難されてもそれに応《こた》えることなく、番組選択の自由を視聴者に与えているだけである。そしてそれは、自分を無視してもかまわないという言い方で大衆文化に権威を持たせている。

② 大衆文化は、相互無視の自由を「言論・表現の自由」の観点から受けとめるだけで、世間の批判には目もくれず、下位文化の立場から既存の上下の権威や秩序を否定することによって政治権力に抵抗してきた。その抵抗姿勢が、テレビの影響力を通して大衆文化を優位に立たせている。

③ テレビをはじめとするマス・メディアは、大量生産のかたちを取ることで強者となった。さらにそれは、弱者の抵抗表現であった相互無視の自由を自らの戦術とすることによって大衆文化を権威化し、既成の文化を逆転させて新たな現代文化の秩序を作り上げている。

④ マス・メディアの世界では、相互無視の自由をルール化しようとする要請を生かし、既成の価値観を無視したメッセージとパフォーマンスによって「自己」を権威化することで

大衆の心をとらえることができるという、新しいスタイルの大衆文化が中心的勢力となっている。

⑤ いわゆるテレビ・タレントといわれている人たちは「自己語り」の形式でパフォーマンスに説得力を持たせようとする新しい話法を作り出し、しかも自分は決してありきたりの人間ではないという印象を強く与えることによって、多くのファンをつかむことができるようになった。

⑥ 自己を卑小する身振りで語る話法を取り入れながら、自己以外の権威を拒絶して、語る人自身への信頼感を生み出すという「自己語り」のスタイルが、大衆の支持と共感を得るようになった。こうして、語られる内容の持つ影響力だけでなく、語る人間の存在が意味を持つようになった。

出題は大学入試センター試験（一九九八年度）である。出典は中西新太郎「文化的支配に抵抗する」の一節。適度でない程度の悪文に、適切とは言えない選択肢の組み合わせ。これが、あのセンター試験なのかと思うと、しばし呆然とせざるを得なかった。

だが、中西の説くところは重要である。大衆文化の申し子であるテレビが、どのような語り口を手に入れることでこれほどまでに権威と権力とを持ったのか。その秘密に触れようとしているからだ。中西の使っているのは、〈権力＝強者／個人＝弱者〉という二項対立だ。

中西の言いたいことを、僕なりに少し乱暴に言い換えればこうなる。〈自己を卑下してみせることで相手までも権力の座から引きずり降ろしてしまうやり口を持つテレビが、いまや大衆文化という新たな権力となった現在、自己の権力性を隠すために、テレビは「自己語り」とでも言うべき語り口で人間らしさを演出し始めている〉ということだ（主題文）。つまり、現在のテレビが持っている語り口の親密さは、人間らしさの現れなどではなく、権力を隠蔽する仕掛けだということになる。**テレビは弱者のふりをしているにすぎない**という指摘には、共感する人が多いのではないだろうか。

中西も触れている、ディスクジョッキーの語りと音楽とによって構成されたラジオの深夜放送は、僕が中学生から高校生だった一九六〇年代から七〇年代にかけて最高潮を迎えていた。僕たちはみんな深夜にラジオを聴きながら受験勉強に励んだものだ。というか、中には励んだ人もいた。高度経済成長期に、僕たちの世代が深夜にも親の目を盗んで起きていられるような個室の子供部屋を手に入れたことが、深夜放送流行の前提にあった。深夜放送の流行は、日本の経済成長の証でもあったのだ。

いまでもよく覚えているのは、もとアリスのメンバー谷村新司の担当していた番組に、事故を起こした友人のために献血を呼びかける連絡が聴取者から入り、それを受けた谷村の呼びかけに応じて、指定された病院の前に深夜献血志願者の行列ができたという出来事だ（いまは、まったく同じことがインターネットによって起きている）。そういえば、同じ番組で、谷村が聴取者の葉書を読み上げたものの、彼の通う二松学舎大学《にしょうがくしゃ》を知らずに「にまつがくしゃだいがく？　ふざけて書いたんでしょうねぇ」なんて言ってしまって、曲が終わった後に、平謝りに謝っていたなんてこともあったっけ（ウーン、またしてもオジサンの青春グラフィティーになってしまったか……）。

瞬間的にだけれどもサムシングエルスをスターに仕立て上げた「進め！雷波少年」や、ポケットビスケッツとブラックビスケッツの解散をちらつかせて無理矢理ベストテン入りさせた「ウリナリ」や、どことなくヤラセの雰囲気も漂わせながらとにもかくにも一般公募で太陽とシスコムーンやモーニング娘。を作った「アサヤン」などで現在行なわれている視聴者巻き込み型の企画とはまったく規模が違うが、深夜の行列はマスメディア、ことに深夜放送の威力をまざまざと見せつけた出来事だった。

中には騒がしい番組もあったけれども、深夜放送のディスクジョッキーはパーソナリティーとも呼ばれて、**あたかも「僕」や「私」一人に語りかけてくれる囁くような個人的な語り口**が特徴の一つだった。中西は、この個人的な語り口をマスメディアの成功の秘訣と見ている。

二〇〇〇年の四月になって、これまでキャスターに久米宏を擁して、その個人的な語り口の魅力によって、夜十時台のニュース番組では圧倒的強さを誇り、他局のニュース番組の参入を何度も退けてきたテレビ朝日の「ニュースステーション」に、久米宏が休んで髭など伸ばしている隙をついて、NHKが「NHKニュース10」をぶつけてきた。しかし、久米宏が復帰した「ニュースステーション」とともに両方見てみたが、どちらもイマイチだ。

「NHKニュース10」は、キャスターにオジサンやオバサンを集めて大人路線にしたようだが、メインのアナウンサーがあまりにも下手なのはともかく、所詮NHKであって、個人的な語り口が十分に採用できないのである。殺風景なスタジオには、白々とした空気が流れているように感じる。これなら、七時のニュースと同じように無味乾燥にやってもらったほうが、いっそNHKらしくてスッキリする。一方の「ニュースステーション」のほうはといえば、ファッションをかなりラフにしたことも含めて、久米宏の個人的な語り口が全面に出過ぎていて、押しつけがましさの域にまで達している。「あなたの意見なんかを聞きたいんじゃない！」僕は何度画面に向かって叫ぼうと思ったことか。これでは、「徹子の部屋」というか「**久米宏の部屋**」である。

復帰後の久米宏のオチャラケた個人的な語り口には「俺のこと無視してもいいからね」というメッセージがあまりにも過剰に出過ぎている。「いくら『俺のこと無視してもいいからね』というメッセージを出したって、現に〈いま・そこ〉で個人的な意見を押しつけているじゃないか」と感じさせられるのである。このことは、いまやマスメディアにとって「自己語り」が両刃の剣であることを物語っている。大衆が、インターネットや携帯電話などの本物の個人的な語り口を運ぶメディアを手に入れた現在、**マスメディアが用いる「自己語り」の演技性は鼻持ちならない押しつけがましさを感じさせる**のだ。その点、「自己語り」にマスメディアの力だけを見る中西の議論は、一面的にすぎるかやや古すぎるかのどちらかだと、僕は思う。

これだけのことを確認して、問題に入ろう。

問1。傍線部Aに「現代の大衆文化に行き渡った話法」とあるから、問われていることはある種の技術についてなのである。それは「権力者や権威をもった既存の体制にたいして、卑小な自分の言うことなぞ大したことでないのだから目くじら立てるな、と下手に出ながら対手をこきおろす」という「弱者が強者に抵抗するとき使用する『戦術』」(二十一〜二十六行目)と説明されている。この「戦術」に触れた選択肢は「相手にわざと見せながら」という一節を含む⑤だけである。「自己語り」の押しつけがましさも十分に解説した選択肢だ。①は後半が間違い。②は「投げやりな」が駄目。③は「強い調子で」以下が駄目。④は「相手の心をまったく理解しようとせず」が駄目。「相手の心」を理解しているからこそ、こういう卑屈な「戦術」に出るのだ。

問2。僕の見る限り、この選択肢の中に積極的な正解はない。「自分を卑下しておく道化の振る舞い」それに「**まったく**」**などの全否定を含む選択肢は正解にならない**というのは、受験のイロハだ。

り」(二十六行目)とは、「『お互いに無視しあう自由』があるのだからお互い勝手にやりましょう」と言っておきながら、相手にちょっかいを出し、「こちらはこんなに卑小な者なのだから、そんな私に関わるとあなたも卑小になってしまいますよ」とか「こんな卑小な私にからかわれるあなたは、私と同じように卑小なんですよ」といったメッセージを相手に伝えることで、相手と自分との距離をなくしてしまう演技である。こういう奴がそばにいると実に苛々させられる。「あんな下品な奴と関わるほど、僕は下卑ていない」と思いつつ、「あんな下品な奴」を無視することもできないからだ。だから、「自分が卑小であることを強調することで、それと関わる相手も卑小な者に仕立て上げてしまうから」といった選択肢でもあれば正解だと思うが、そういう選択肢はない。

そこで、消極的にでもいいから正解にできそうな選択肢を探すことになる。①は「反転させられる」のところが傍線部Bの「水平にしてしまう」と食い違う。②は「油断させられる」のところが見当違い。③は「世間一般の価値基準の枠組みから抜け出せるから」のところが、設問の「可能になるのはなぜか」という聞き方と食い違う。「世間一般の価値基準の枠組みから抜け出せる」のは、傍線部Bの結果であって、傍線部Bを可能にする理由ではないからである。「世間一般の価値基準の枠組みから抜け出せる」のなら、その結果は「水平」も「上下」もないのであって、「客観的に存在している権威的（上下の）秩序を観念的に水平にしてしまう」結果、「世間一般の価値基準の枠組みから抜け出せる」のである。④は後半が意味不明。⑤は、内容は当たらずと言えども遠からずといったところだが、傍線部Bを可能にする理由の説明にはなっていない。

さて、そこでどうするか。原因と結果を取り違えているというか、「自らを小さいものにおとしめることによって、客観的に存在している権威的（上下の）秩序を観念的に水平にしてしまう結果、世間一般の価値基準の枠組みから抜け出せるから」とでも補うと意味の通じる③を正解にしておくしかなさそうだ。だが、③を正解にしたいのなら、「それが可能になるのはなぜか」と聞かずに、「その結果どうなるのか」とでも聞いたほうがいい。

問3。五十三行目の「大量生産のかたちを介するかぎり、大衆文化は大衆社会に固有の権威的構造・秩序のなかに組みこまれざるをえない」とあるのを素直に読めば、④を正解にすることができる。実は、中西の文は「大量生産」のみに触れ、「大量消費」には触れていないから不完全なのである。大衆による「大量消費」がない限り、「大量生産」は何の意味も持たない。「大量生産」と「大量消費」との応答関係があるからこそ、大衆文化は「権威的な存在へと変貌」（五十一行目）できるのだ。この選択肢は、本文の不完全さを補っている。

①は「強者と結びつく」が間違い。②は「欧米で認められることによって」が間違い。⑤は「時には政治的な権力と結びつくことがあり」のところが間違い。③は難しい。この記述は、「マス・メディアがつくりだす文化」が「権威を持つ」一つの事例の説明ではあるから間違いとは言えないが、「テレビ放送」に限定されていて一般性を持たない。そこで、本文の記述から判断して、素直に④とするのがいい。この設問からは、**設問が一般性のある答えを尋ねているのか個別**

的な事例を尋ねているのかが判断の基準になるという教訓でも得ておくことにしよう。

ただ、よく読めば③の記述自体にもおかしなところはある。「マス・メディアによってつくられる文化は」という主語には「テレビ放送をその中心に置く」と、「権威を持つ」という二つの述語がある。問題は「置く」の方だ。この記述に従えば、「マス・メディアによってつくられる文化」があたかも主体的に「テレビを中心に置く」ことで、大衆文化を操作しているように読めてしまう。大衆文化の上にもう一つの権威を認めることは、〈大衆文化はすでに権威になっている〉と説く傍線部Cの記述と矛盾する。〈受動的で操作されやすい大衆〉という先入観があると、③を正解と勘違いする可能性が高くなりそうだ。

問4。傍線部Dを含む段落はほとんど意味不明の文章からなる。だから設問になるのだが、少しばかり度を超している。僕なら、もともとこういう文章は選ばない。**これがセンター試験なのか……**。いや、気を取り直して考えよう。

考えるための条件は、aいまや大衆文化は権威となっていること、bここで論じているのはマスメディアについてであること、c問題になっているのは相手が持っていない権力であることの三つである。①はa、bと無関係。②はaと矛盾する。③はcと矛盾する。⑤はどれとも関係がない。そこで、④が残る。④はどれとも矛盾せずに関わるので、正解だ。だが、改めて確認すると、現代ではマスメディアが一方的に情報を流すという権力状況は、すでにインターネットの普及によって崩れつつあるのだ。こういう状況に触れていないところがこの文章の古いところだが、もともと古い文章なのだからその点はしかたがない。出題するほうの感覚の問題である。

問5。①は最後の一文が間違い。「自分を無視してもかまわないという言い方」はむしろテレビに権威を与えている。②は「政治権力に抵抗してきた」のところが本文と無関係。③は本文の前半と合致するので正解。とんでもない悪文をよくここまできちんとした文章に要約したものだと感心する、なんて言ったら皮肉にすぎるかな。④は「相互無視の自由をルール化しようとする要請」のところが本文と無関係。⑤は「自分は決してありきたりの人間ではないという印象を強く与える」のところが、本文とは逆。⑥は本文の後半と合致するので正解。本文の後半はわかりやすい。そこで、七十八行目以降では設問が一つも作れなかったのである。ちょっとミジメ、かな（賢明な読者にはもうおわかりだと思うけれど、**僕はセンター試験即刻廃止論者だ**。だから、ちょっと八つ当たり気味でゴメンね）。

言うまでもないことだが、インターネットがその力を発揮するのは何よりも検索機能によってである。インターネットの中で情報は検索されるのを待っている。検索機能がなければ、インターネットはただの情報の墓場でしかない。ところが、見方によっては日常の会話にまで検索機能を付けようとしているようにも見えるし、逆に情報を屑籠にせっせと入れているようにも見えるツールが猛烈な勢いで普及している。携帯電話である。この奇妙なツールは、インターネット以上に僕たちの感性の劇的な変革を促している。次に読むのは、そのような感性の変革にとまどっている文章である。僕は、その率直さが気に入っているのだが……。

【過去問⑬】感性の変革の語り方

次の文章を読んで、後の問いに答えよ。

携帯電話をかけている人の姿をみると、いじらしい気がしてならない。マナーの悪い傍若無人な連中もいないわけではないが、何かしら必死になってア世界とつながろうとしている様子がうかがえるからだ。携帯電話は目の前の空間をみるみる変容させる。ごく平凡な日常の空間に奇妙な隙間ができ、異種の会話空間がするりと紛れこんでくる。そこに織り上げられていくのは、あくまで個々の通話者の生活に固有な、とても繊細な私的領域なのである。

＊

常識にしたがえば、携帯電話は私的な領域を広げるものではない。むしろ、公的な領域を拡大し、世界を覆ってしまうものだというのが普通の見方だろう。もはや外回りの営業マンも、のびのび喫茶店で一服というわけにはいかない。どこにいても上司から電話がかかってくる。下手をするとトイレの中まで仕事が追いかけてくる。携帯電話のユーザー数が急速にのびているのも、社会の効率化・加速化のあらわれだ。この常識論にしたがえば、携帯電話はまさにイ近代特有の均質空間化を推し進めるもの、ということになる。世界全体を管理されたノッペラボーの空間にしてしまうツール、ということになる。

しかし、よく考えると、近代は空間をすべて均質化したわけではない。公的なオフィスと私的なマンションの区分は厳然としてある。正確に言うと、空間の〝意味づけ〟を人間が行える、というのが近代思想なのである。たとえば、昔は怨霊がただよっていた不吉な沼沢地も、近代になると埋め立て工事で便利なオフィス街や住宅地に生まれ変わる。かつて超自然的な神が宿っていた空間を、人間が意味づけ操作できるのが近代なのだ。

＊

問題は、この空間の意味づけを［(1)］か、である。これまでの中央集権型の工業化社会では、それは政府や大資本など権力者の役目だった。都市計画などは個々の庶民の手のとどく仕事ではない。小さな会社の中でさえ、娯楽室と作業場の区分は、一般従業員ではなく経営者や管理者にゆだねられてきた。

だが、パソコンやインターネットの普及は、［(2)］時間空間の壁をこえて高度な情報処理を行う、分権型の情報化社会の到来を予感させる（もちろん、まだそのために解決すべき課題は山積しているが）。サテライト・オフィスや在宅勤務、在宅学習などは、皆そういう脈絡でとらえなくてはならない。近未来の情報化社会では、一般の個人が、それぞれ自主的に情報を処理し、時間と空間を意味づけていくのだ。

けれども、こういう自由度の増大は、つねにプラスの側面ばかりを持っているわけではない。携帯電話やパソコン通信を駆使して「いつでも、どこでも、だれとでも連絡でき、仕事ができる」ということは、逆に言えば、もはや権力者が上から決定してくれる空間の区分は存在しないということにもなる。つまり情報化社会では、個々人が自分の創意にもとづいて刻々と私的領域を紡ぎだし続ける努力が必要となるのだ。

若者たちはこういう変化を本能的に感じ取って

いるようだ。電車の中でヘッドホンカセットに聞き入る彼らは、本来は公的なはずの空間内で自分だけの私的な領域をつくって、そこにスッポリはまりこむ。そして携帯電話の形成する領域はその延長上に位置するのである。

＊

「いつでもどこでも仕事の連絡ができる」「いつでもどこでも仲間とおしゃべりできる」「いつでもどこでも恋人の声がきける」——携帯電話が保証するのはそういうことだ。だがそれこそは、自分の知らないところで高速の情報流が渦巻いており、下手をすると自分がのけものにされるという、根深い疎外の恐怖の裏返しではないだろうか。

情報化社会においては、会社や市町村や家族といった従来の共同体が徐々に明確な輪郭を失っていく。言いようのない孤独感が鋭く人々の胸を刺すことになるだろう。自分の小さな私的領域を何とかして確保し、そこに (3) 会話の声を呼び込むことで、自分のおぼつかない足元を支えたいという切望が生まれるとしても、いっこうに不思議ではない。その切望とともに、人々は携帯電話を護符のように抱え歩くことになる。

使い方のモードは様々だろう。営業マンは、自宅でもたえず携帯電話をかけ、すすんで公的領域を自分の全生活まで押しひろげることで、逆に会社とつながった私的領域そのものを構築しようとする。若者たちは、携帯電話を持ち歩きさえすれば (4) と信じこむ。そして恋人たちは、携帯電話こそが、自分と相手との揺れうごく距離を示すかけがえのない計測器のように思うのではないか……。

携帯電話は騒がしい。だがその騒がしさは、つねに一種の寂寥感をおびている。

（西垣通「〝携帯電話人〟のいじらしさ」による）

問一 傍線部アは、具体的に何のことか。最も適切なものを次の中から選び、その番号をマークせよ。

1　インターネットのネットワークで構成された空間
2　だれでもいいから、いまそこに居合わせないだれかと会話する空間
3　携帯電話のネットワークで構成される空間
4　親しい人と心を許して会話できる空間

問二　傍線部イの説明として、最も適切なものを次の中から選び、その番号をマークせよ。

1　個性的領域が保てなくなる社会
2　全体が効率化・加速化した管理社会
3　だれもが大量の情報と接触せざるを得ない社会
4　だれもが均質の情報を持てるようになった社会

問三　傍線部ウはどのような場所か。最も適切なものを次の中から選び、その番号をマークせよ。

1　物の怪のたたりを恐れる原始的宗教観に満ちた場所
2　いまもなお怨霊伝説が言い伝えられる場所
3　人間の力を超えた自然に対する畏怖に満ちた場所
4　不幸な事件の記憶がいつまでも生々しい場所

問四　空欄 (1) に入れるものとして、最も適切なものを次の中から選び、その番号をマークせよ。

1　どう方向づける　2　どう整合化する
3　いつやる　4　だれがやる

問五　空欄 (2) に入れるものとして、最も適切なものを次の中から選び、その番号をマークせよ。

1　だれもが　2　やがては
3　管理された　4　ツールが

問六　傍線部エは何を指すか。最も適切なもの

を次の中から選び、その番号をマークせよ。

1 分権型の情報化社会は必ず到来するという
2 解決すべき課題は出積しているという
3 パソコンやインターネットは必ず普及するという
4 サテライト・オフィスなどが必ず普及するという

問七 空欄 (3) に入れるものとして、最も適切なものを次の中から選び、その番号をマークせよ。

1 聞き慣れた　2 意味のない
3 好奇心をそそられる　4 意味深い

問八 傍線部オの説明として、最も適切なものを次の中から選び、その番号をマークせよ。

1 自分一人でいることの孤絶感から、少しでも救われたいという切望
2 情報に遅れをとることによって、仲間から疎外されたくないという切望
3 いつでも助力が得られるよう、連絡の方法を確保しておきたいという切望
4 共同体から孤立しないよう、自分の居場所を確保しておきたいという切望

問九 傍線部カはどのようなものか。最も適切なものを次の中から選び、その番号をマークせよ。

1 自分の世界とはいいながら、結局は公的領域を盲信している自己の私的領域
2 自分の世界とはいいながら、全生活が会社の公的領域と一致している自己の私的領域
3 会社というバックアップがあってはじめて確保できる自己のアイデンティティ
4 会社に忠誠を尽くすことによってはじめて確認できる自己のアイデンティティ

問十 空欄 (4) に入れるものとして、最も適切なものを次の中から選び、その番号をマークせよ。

1　仲間外れにならない
2　十分な情報が取れる
3　自立できる
4　近未来的である

問十一　傍線部キの説明として、最も適切なものを次の中から選び、その番号をマークせよ。

1　携帯電話とつながった自分の会社だけを、心の支えとする以外に方法がないいじらしさ
2　疎外されることを恐れるがために、携帯電話を常に手放すことができないいじらしさ
3　携帯電話があるために仕事はよくできるが、私的生活を犠牲にしなくてはならないいじらしさ
4　携帯電話を疎外感から逃れるための唯一の救いとしなければならぬ情報化社会のいじらしさ

出題は近畿大学商経学部（一九九八年度）。出典は西垣通《とおる》「携帯電話考」（『読売新聞』一九九六年八月十三日夕刊）。西垣通は、一貫してコンピューターと人間の思考との関係について論じてきた。現在のところ『こころの情報学』（ちくま新書、一九九九年）が最も手に入りやすく読みやすい本だが、西垣自身の思考の背景はやや正統的な知に偏りすぎているように思う。もっと率直に言えば、このテーマを扱うには、この人の感性は少し古風にすぎるのではないかと感じる。つまり、西垣の文章に、僕の同類を発見してしまうということだ。とくに、この「携帯電話考」を読

んでそう確信した。

西垣が携帯電話に関して述べていることは、ある程度までインターネットでのeメールにも共通する。決定的に違うのは、インターネットが基本的には屋内で行なわれ、受信者の好みの時間に見ることができるのに対して、携帯電話はいつでもどこでも掛けられるだけでなく、いつでもどこでも掛かってくる点だ。いままでは、携帯電話の電磁波が心臓のペースメーカーやその他の医療機器を誤作動させる可能性のあることが広く知れ渡っているから、**電車の中や病院で携帯電話を掛ける人は一人もいなくなった**が（ウッソー！）、人混みの中で携帯電話に向かって話しかけている人に対する違和感は、いまもなくならない。

携帯電話の普及は、たとえば満員電車の乗客が抱いていた根拠のない奇妙な連帯感を浮かび上がらせたようにも思う。満員電車の中、たとえ見も知らぬ赤の他人どうしの乗り合わせであっても、〈いま・ここ〉の時空を共有しているという感覚が、たぶんあったのだ。そこから一人抜け出してしまう人物に対する違和感。携帯電話が普及し始めた頃、よくそういうことが言われた（それに、**ケータイを掛けている人って、どうしてあんなに大声なのだろう？**　まるで、周囲の人の神経を逆なでするように……）。

携帯電話は〈いま・ここ〉にいる自分を自由にしてくれるが、その一方で人を管理する。かつて僕の大学院のゼミ生で、奥さんから年がら年中携帯電話が掛かってくる院生がいた。僕はつい

「君はパンツの中までケータイで管理されてるみたいだね」と言ってしまったことがあった。たしか、タレントの郷ひろみは奥さんの二谷友里恵にそんなふうにして管理されていたんじゃなかったかかな。世の中には、こういうご主人は結構多いのではないだろうか（だから、僕は絶対にケータイは持たない主義だ!?）。むろん、管理するのは「奥さん」ばかりではない。ケータイで会社に管理されていると感じる人も少なくないはずだ。

西垣の文章は、こうした携帯電話の二面性を論じている。この文章の第一段落は、携帯電話がもたらす〈内〉と〈外〉との関係の捻《ねじ》れを語っている。「世界」（外）とつながろうとする「日常の空間」（内）に「異種の会話空間」（外）が開くが、それは「繊細な私的領域」（内）だと言う。携帯電話によって作り出されるのは、自分にとって内的な空間なのか外的な空間なのか、その捻れ方はインターネットとも共通する。こういう感覚を、鷲田清一は次のように語っている。

外より家、家より個室といった、〈わたし〉を核とする空間の遠近法がひどく歪みだしている。象徴的な例が、パソコン通信だ。家庭のなかのもっとも奥まった部分、個がひとりでくつろげるもっともプライヴェートな空間、そのなかのさらに小さな箱のなかに、公共広場ができた。内と外が裏返ったのだ。ひとはそのもっとも内密な空間で、未知の他者たちと接触するようになった。家ではない場所に「しめやかな情愛」の場所をもとめはじめた。

（「『わたし』の家」『本』一九九六年九月）

鷲田は、〈わたし〉の居場所としての個室を求め続けてきた近代日本の住宅史が、インターネットの登場によって歪み始めたと考えている。「家ではない場所」（外）に「しめやかな情愛」（内）を求める感覚を、「内と外が裏返った」と表現している。こういう理解のしかたは、西垣の携帯電話に関する議論と驚くほどよく似ている。

ここで思い出したのは、黒崎政男の「ネットが崩す公私の境」（『朝日新聞』一九九九年十二月十三日夕刊。ちなみに、この文章はいかにも大学入試向きだ）という文章である。西垣は「寂寥感」と言い、鷲田は「歪み」と言い、黒崎もまた、インターネットの普及によって起こる事態を「崩す」という否定的な言葉で語っていた。新しい事態をこういう否定的な言葉で語る限り、新しい感性は生まれない。ここで語っているのは、古い感性だ。**新しい事態を肯定的な言葉で語ることができてはじめて感性の変革と言える**のである。

西垣の文章は、このような「捻れ」を〈公的な領域／私的な領域〉という二項対立で説明しようとしている。だが、この二つが捻れているのだから錯綜しているわけで、いきなり問一から迷ってしまった。1と2がトンチンカンなことは誰にでもわかろうというものだ。問題は3と4である。素直に考えれば3が正解だ。傍線部アの「世界」は〈外〉なのだから。しかし、第一段落の最後を読むと、そこに紡ぎ出されるのは「とても繊細な私的領域」だとある。これは、〈携帯電話は「公的な領域」を広げるかのように見えて、実は人々は携帯電話で「私的な領域」を確保しようとしているのだ〉と展開される、この文章の最後の結論部とも対応している。これを重視すると4に行きたくなる。

さて、どうするか。僕なら、第一段落は全体の要約になっていて、第一段落のはじめに位置する「世界」は、いま示した全体の展開のなかで、〈携帯電話は「公的な領域」を広げるかのように見えて〉のあたりと対応していると判断して、3にする。それに、4の「心を許して」あたりがどうも嘘臭くて余計な言葉のような感じである。六十行目から八十二行目までを読む限り、〈人々は、実は「心を許」せないから携帯電話に必死にしがみついているのだ、それがいじらしい〉というシニカルな見方をしているのが、この文章だからである。というわけで、4に「心を許して」がある以上、正解とはなりにくい。けれども、もし4に「心を許して」がなければ、解釈が入り込むので、3か4かはちょっと決められない感じだ。

問二。傍線部の「近代特有の均質空間」とは、**近代の機械文明がモノや情報をできるだけ「早く、多く、遠くへ」運ぶことを目的として発展した**結果、国内ならどこでも同じような生活を送れるというか、送らされるようになったことを言う。こうした事情と十七行目と二十三行目の記述とを考え合わせれば、正解は2になる。3と4に似たような選択肢だが、どちらも記述が情報のことに限られているので選べない。1は「個性的領域が保てなくなる社会」ではなく、「個的領域が保てなくなる社会」なら、2のことを裏側から説明した記述になるのだから、正解になる。たった一字「性」が入っただけで誤答となった。出題者にとっては会心のダミーだと思う。

問三。「空間の〝意味づけ〟を人間が行える、というのが近代思想なのである」（二十八〜二十九行目）という記述は、近代把握の基本。**〈近代は自然を支配する〉**というテーゼ（命題）のヴァリエーションである。ここから、傍線部ウの説明としては「自然」がキーワードになることがわかる。そこで、正解は3。

問四と問五。この二つの設問はセットになっている。〈これまで権力者の役目だった空間の意味づけが、パソコンやインターネットの普及によって個人にもできるようになった〉という〈中央集権型から分権型へ〉という論の展開を押さえれば、難しい問題ではない。空欄（1）が4「だれがやる」で、空欄（2）が1「だれもが」である。分権型の会社では、どこを休息の空間にするかを、いつを休息の時間にするかを、個人で決められるのだ。

問六。「サテライト」とは「衛星」の意味。したがって、「サテライト・オフィス」とは、「衛星」のように、本社とは離れた自宅などに作られた仕事場である。これは、インターネットやファックスなどの情報網の整備によって可能になった。この言葉に注がないのは不親切だ。さて、設問は、「サテライト・オフィスや在宅勤務、在宅学習」といった個々の事例をどういう状況の中で捉えるべきかを尋ねている。正解は当然1だ。3が少し迷うが、3は前提でしかなく、その結果1になると本文は説いている。

問七。七十七行目の「私的領域」と関係するのは1だけである。

問八。七十六行目以降の〈人々は「言いようのない孤絶感」から逃れるために「私的領域」を確保したがっている〉という記述をきちんと読めば、正解は1になる。2は「情報」の質が違う。七十一行目で言う「情報」とは仲間、内輪の「会話」を想定している。3は見当違いで、4はうまいダミーだが、「情報化社会」においては「共同体」はすでに壊れているのだった（七十四～七十五行目）。だから、「孤立しないよう」もへったくれもないのだ。

問九は、率直に言って、正解がすぐにはわからない。1の「盲信している」や4の「忠誠を尽くす」が正解にふさわしくないことはすぐにわかる。だが、2か3か……。普通なら、2のように「全生活」などどいう全肯定がくれば誤答なのだが、本文にも「全生活」（八十五行目）とあるから、この場合は判断の基準にはならない。唯一の決め手は、傍線部直前の「逆に」であろう。「すすんで公的領域を自分の全生活まで押しひろげること」（八十四～八十五行目）とは「逆」の関係を記述した選択肢を選ばなければならないのである。その点、2はこの記述とほとんど同語反復の関係にある。そこで、「すすんで公的領域を自分の全生活まで押しひろげ」ながらも、そのことで「逆に」一自己のアイデンティティ」を「確保」するのだと説く3を選ぶ。

問十。七十二行目の記述から1「仲間はずれにならない」を選ぶのは容易である。

問十一。1と3の記述は会社員にしか触れていないので誤答。4は「唯一の救い」の「唯一」のところが間違い。「唯一」がなければ十分正解だが、本文からは「唯一」であるかどうかはわからない。正解は2だ。

「疎外されることを恐れるがために、携帯電話を常に手放すことができないいじらしさ」……。これが、この文章の到達点だ。君たちは、**こんなふうに〈意味づけられて〉腹が立たないのか？**こんなオヤジ臭い理屈にどうすれば対抗できるのか。一つは、そんなことはまったく無視して携帯電話を生きることだ。もう一つは、**自分で自分を意味づける言葉を獲得すること**だ。でも、君はもうこの文章を読んでしまった。もう、君のとるべき道は一つしかないと思うのだが。

「その価値は誰が決めるのか」という問いかけが、この章の始まりだった。

たとえば、かつてソ連の末期にクーデター未遂事件が起こったとき、犯行グループがまずしたことは放送局の占拠だった。情報の管理を第一の目標においたのだ。その後に起きた日本でのハイジャック事件では、乗客が機内の様子を携帯電話で警察に逐一通報することで、単独犯であることがわかって早期解決につながった。逆に、今年五月に起きたバスジャック事件では、もしかしたらそれに学んだのだろうか、犯人はいち早く乗客の携帯電話をすべて没収したという。

権力は情報を隠すことによって権力たらんとする。「知ったかぶり」は小物のやることで、「知らぬ振り」が大物のやることだ。だからこそ、いま情報公開が民主主義を守る最大の武器と考えられている。インターネットや携帯電話など、情報をいち早く広く流すネットワークは急速に発達している。あとは、情報をいかにゲットするのか、何を情報として意味づけるか、それが僕たちの仕事だ。

桜井哲夫『**TV 魔法のメディア**』（ちくま新書）

一九九四年の刊行なので少し古いが、インターネットが普及する以前の日本のテレビ史については、これ一冊で大枠がフォローできる。情報エリートたちの権力性に注意を促す論調には、共感を覚える。

山根一眞《かずま》『**デジタル産業革命**』（講談社現代新書）

モノと金で世界が動く「商品経済」の時代から、情報が世界を動かす「情品経済」の時代へ、インターネットによる「産業革命」を熱く説く。社会時評的な部分に甘さがあるし、バラ色の近未来を描きすぎる感じもするが、インターネット時代の意味を知るのには便利な本だ。一方、矢野直明『**インターネット術語集**』（岩波新書）は、文字通りインターネットを語るのに欠かせない術語を手際よく解説したコンパクトな本。とにかく、インターネットの現在を知るためには便利な一冊。

江下雅之『**ネットワーク社会の深層構造**』(中公新書)

インターネットを中心としたネットワーク社会の問題点を整理しながら、それが現代人にもたらす感性の変革までをも分析した、一つの文化論と言っていい。ただ、「薄口の人間関係」という結論は、当たっているとは思うが、やや凡庸で、批評としてのインパクトはない。現代批評なら、西村清和『電脳遊戯の少年少女たち』(講談社現代新書)が、〈わたし探し〉の質の変化を分析して、面白い。テレビゲームやプリクラで楽しむ君たちはこれをどう読むか。常に語られる客体でしかない君たちではなく、語る君たちの言葉を聞きたい。

第七章

引き裂かれた言葉

——日本社会

『アメリカの影』(講談社学術文庫)で、日本の戦後文学にアメリカがいかに大きな影を落としていたのか、そのことによって戦後文学はどのような屈折を強いられたのかを鮮やかに検証して見せた加藤典洋が、このところ『敗戦後論』(講談社)などで、ふたたび日本の戦後社会論に戦線復帰した。どうしてそんなにジャンジャン書けるのか、とにかく滅茶苦茶にたくさん本を出していて、それがどれも結構イケルのだ。その加藤典洋が、日本の政治家についてまわる「失言」という行為について、こんな面白いことを言っている。

失言は人の心に響く。失言を繰り返す政治家は、なぜか人の心に残る、といわれる。その理由は、失言というこの奇妙な発語の性格からきている。(中略)そもそも、「不注意で」「ついうっかり」いってしまうからには、発言者はそう考えていたわけだ。しかもその考えを、いってはいけないと思っていたのである。ここには発語の意志とその発語へのいわば抑圧の気持ちとがある。そして、この抑圧が個人的であるか、また彼のいる社会で共同的であるかによって、この発言は、意味を変える。つまりそれは、受け取られ方の違いに応じて、失言と呼ばれ、放言と呼ばれ、暴言と呼ばれることになるのである。

(『可能性としての戦後以後』岩波書店、一九九九年)

つまり、「失言」は、言いたいという気持ちと言ってはいけないという気持ちとの二つの相反する気持ちの産物なのである。そこで、「失言」には「前言撤回」という儀式が必要になる。へつい言ってしまったけれど、批判されたから言わなかったことにします〉というポーズを取るわけだ。そのことによって、**「失言」は実は「本音」なのだという共感が生まれる**のである。

一方、マスメディアも、たとえ政治家が「前言撤回」しようとも、彼が「本音」ではそう考え続けていることを知っているから、やすやすと「前言撤回」した意志薄弱については批判せず、「失言」を「信念」として批判し続けることになる。「失言」した政治家とそれを批判するマスメディアとの間にある種の共通理解が成り立ってしまっているのだ。このことは、日本の政治が「**ホンネの共同体**」によって営まれていることを証している。しかし、「失言」と「前言撤回」とのくりかえしは、「本音」を公共空間から閉め出す。閉め出すことによって、「本音」との対話を不可能にした言葉はその力を失う。——加藤典洋の言わんとするところはだいたいこんなところだろう。

「何だ、そんな政治のことなど関係ないさ」と君たちは言うだろうか。でも、**君たちが「政治」の手に捉えられるのは、たぶんそう遠い先のことではない**。たとえば、僕が教授会などで発言するときには、「**個人的には賛成なんですが……**」などと枕詞を述べて、実は反対の意見を述べることがままある。まさか君たちはまだそんな経験はないと思うが、もう数年もして、勤め先で会議というモノに出るようになると、こういう語り口を使う必要に迫られることになるに違いない。いきなり反対意見を述べたりすると、反感を買ったりすることがあるからだ（こういう論点は、間宮陽介「論壇時評――自己愛からの脱却」『朝日新聞』二〇〇〇年四月二十八日夕刊、から学んだ。もうおわかりだと思うが、僕は『朝日新聞』の愛読者なのだ）。

「個人的には賛成なんですが……」という言葉は、〈「本音」ではあなたに賛成ですが、「建前」上反対の意見を述べなければならないのです、ごめんなさい〉というエクスキューズ（ちょっとした弁解）として機能する。**これは小さな「政治」だ。**〈「本音」ではあなたと手を組みたいのですが〉と言うことによって、反対意見を持つ人とも「ホンネの共同体」を共有し、一方で、〈会議の席上だから〉という理由で「正論」（建前）を吐くことによって、自分の公的な地位はきっちり守る。これが、僕のやっていることだ。そして、たぶんもう数年もすると、君たちがやらなければならないことだ。

極端に言うと、この場合、本当の「本音」の中味は、実はどうでもいいのだ。「個人的には賛成なんですが……」と言うことが大切なのだ。そのことによって、反対され、批判される相手が救われるからだ。「ホンネの共同体」に言及すれば人が救われるということは、「ホンネの共同体」がいかに強固に存在するかを証している。そして、こうした「本音」と「建前」の二重構造が日本の「失言政治」を成り立たせているとしたら、「個人的には賛成なんですが……」といった言葉を口にしたとき、**僕たちはしっかり日本の「政治」に組み込まれている**のだ。

この章で学ぶのは、こういう「本音」と「建前」の二重構造が日本社会の特質だと論じる文章である。早速読んでみよう。

【過去問⑭】共同性と公共性

次の文章を読み、後の設問に答えなさい。

参院選挙で自民党が大敗し、橋本首相が退陣を表明した夜のこと。「歯に衣着せぬ」司会者田原総一朗氏が、テレビで自民党の代議士麻生太郎氏に、あなたは自民党の次期総裁には誰がいいと思うか、本当のところを言ってくれ、と迫っていた。麻生氏が苦笑して、それは難しい、といなすと、「ダメじゃないですか、ここで言わないから、密室政治と言われるんですよ」と田原氏が言った。

ところでわたしは、このやりとりに、えも言われない感じを受けた。「こんな時に、この代議士がそんなことを言うわけがない。そんなことは田原氏もわかっている。とするなら、田原氏は、もっと別の質問をすべきではないのか」。何かここに視聴者である自分を含め、Aイヤな共犯関係への無自覚があると感じたのである。

この度の自民党の総裁選を見ての外国新聞記者の問いに、なぜ、自民党の候補は、まっさきに自分から立候補しないで、周囲が自分を推すのを待っているのか、というものがあった。

そこでこの外国人記者はその理由を知らない。

しかし、田原氏にはわかるだろう。ここに顔を出しているのは、田原氏に問われ、即座に麻生氏が答えられなかった、Bその理由と同じものである。それは、外国人記者にはわからないかもしれないが、わたし達には全員、わかる問いなのである。

なぜ、日本の政治家は、問題が生じた直後、すぐに自分の考えを答えられないのか。むろんその問題について、考えていないからではない。自分がテレビで一般視聴者、一般国民にむけて考えを語る。するとその考えが、自分の属する別種の共同体の中に一定の波紋を呼び起こす。その波紋により、自分のめざすことの実現可能性がおびやかされる。そのマイナスを危惧すればこそ、彼は、自分の本心を、いまはまだ語る時期ではないと、テレビの前で語らないのだ。

だから、派閥段階で、いったん誰を自分たちが推すかが決まれば、事情は一変する。その同じ人物が今度は自説を語りたがる。ところが、すると、今度は田原氏をはじめ、メディアが誰も、もうそういう意見を聞こうとしないのである。

その理由ははっきりしている。最初の時は、本音を聞こうというスリルがあった。しかしいまでは彼の口から出てくるのは、御題目（タテマエ）にすぎない。それを誰もが知っているのだ。

これを先の外国人記者にもわかるように、言ってみるなら、こうなる。つまり、日本の政治家は、自分の言葉が意味をなす［C］を二つもっている。それを政治家共同体とその外部の共同体と言っておこう。すると彼は、まず政治家共同体内部で意味が確定された後でなければ、それを外部の共同体で、発語できない。自分の考えを他者に「発語」することで意味を創造することが「政治」の起点だとすれば、その意味創造の発語は、小政治共同体のほうで、なされるのである。

なぜ日本の政治家は欧米の政治家のようではないのか。なぜ日本からはブレア（イギリスの首相）が生まれないのか。なぜ麻生氏はいまや自分の推薦理由を語りたいのに、その発言は「無意味」なのか。

これらの問いの答えはすべてここにある。いずれもその理由は、彼らが、日本社会のメンバーであるより、この小政治共同体のメンバーだ、ということなのである。

このことを称してメディアは、永田町の密室政治だとか派閥の論理と民意の乖離《かいり》だとかと言う。しかしその言い方は正確ではない。省益、社益、地域益。日本の社会全体がそうなのだ。「外国人にもわかるように」言えば、ここにあるのは、日本にいまだ公共的な社会が成立していないという、どこかで聞いた話なのである。

公共的な社会が成立しているとは、どういうことか。ルソーによれば、社会には原初の合意事項がある。そしてそれが社会内に意見の対立が生じたときにそこに立ち返って調停できる、底板である。

ルソーの考えはこうである。まず万人の万人に対する闘争という自然状態がある。そこでは一人一人の利害、関心はみんな違う。しかしそれでは安心して生きていけないので、一人がある時、「とにかく何らかのルールを合意してそれを遵守してやっていく共同集合体を作ろう」と提案し、「この指とまれ」と言う。そしてその趣旨に賛成したメンバーが「この指」にとまる。さて、それに反対の人はそれに加わらない。したがってこの原初の合意は全員一致である。この原初の合意は一般意志と呼ばれる。これが社会のはじまりである。

だから、この一点に立ち返れば社会では内部のどのような対立も原理的には調停可能である。一般意志はこうしてその社会構成員の一人一人の違いに立脚して社会全体という概念を構成する。そしてこのあり方をさして、わたし達は公共性と呼ぶ。これに対し、共同性は、成員の同質性に立脚するため、社会内ではけっして全体にいたらない。それは必ず部分的結社、社会内徒党に帰着する。そしてそれはそこから徒党の利をはかる「共同意志」を生むのである。

さて、このルソーの考えで卓越しているのは、国家とは違うものとして、社会が取りだされていることだろう。すなわち、社会を作るのは「とにかく何らかのルールを導入しよう」という合意である。これに対し、国家は、「これこれのルールで」というそのルールの「中身」の合意があってはじめて成立する。つまり社会は、国家とは違う、その手前の、より広い概念なのである。

明治維新に日本は近代国家を作り上げようとした。しかしルソーによれば、近代国家を作るには、まず、社会が作られなければならない。さて、ここで社会の形成とは、フロッピーディスク（FD）にある情報を入力するのに先立って必要な、あの「初期化（フォーマット）」にあたると考えてみよう。すると日本とは、「十分に初期化されないFDに入力された、半端な近代国家」である。

明治期の日本は天皇という一視同仁の頂点を仮設することで、促成的に疑似的な均質社会を作った。その上に富国強兵の近代国家を築いたが、そこでの〝初期化〟は、十分ではなかった。わたし達は、いまそのしわ寄せを目にしている。

（加藤典洋「政治と〈公共性〉」による）

問一 傍線部Y「一視同仁」の意味としてもっとも適当なものを、次の1〜5の中から一つ選び、その番号をマークしなさい。

1 親疎の差別なく、一様に愛をほどこすこと
2 絶対者として疑問を持たずに、信じること
3 唯一の神として忠孝をもって、生きること
4 政治の中心として、命令に従順になること
5 個人の共通の意思として、崇め恐れること

問二 傍線部A「イヤな共犯関係への無自覚」とはどのようなことか。もっとも適当なものを

次の1〜5の中から一つ選び、その番号をマークしなさい。

1 外国人記者の疑問に答えることができないことについての自覚の無さ

2 日本の社会にある本音と建前を使い分けることについての自覚の無さ

3 対立が生じてもそれを調停する底板があることについての自覚の無さ

4 社会では原初の合意は一般意思とよばれることについての自覚の無さ

5 意味創造的な発語が「政治」の起点であることについての自覚の無さ

問三 傍線部B「その理由」としてもっとも適当なものを、次の1〜5の中から一つ選び、その番号をマークしなさい。

1 日本の政治家は「歯に衣着せぬ」発言ができないということ

2 日本の政治家は外国人記者に心理的に遠慮しがちであるということ

3 日本の政治家は民意よりも省益、社益、地域益を優先するということ

4 日本の政治家は共同意志を重視することが十分にできないということ

5 日本の政治家は新聞やテレビ・ラジオの敵になりたがらないということ

問四 空欄 C を補うのにもっとも適当な語を、次の1〜5の中から一つ選び、その番号をマークしなさい。

1 感覚　2 体系　3 社会　4 原理　5 空間

問五 傍線部D「〝初期化〟は、十分ではなかった」とはどのようなことか。もっとも適当なものを、次の1〜5の中から一つ選び、その番号をマークしなさい。

1 政治体制が非常に保守的であり民主主義が浸透しないということ

2　国家のルールよりも広い概念で社会を捉えきれなかったということ

3　精神的な意味で原初的合意事項が認識されていたということ

4　日本にはブレアのような優れた政治家が生まれなかったということ

5　政治家の派閥中心の考え方が政治を動かしているということ

問六　「公共性」と「共同性」を筆者はどのように区別しているか。「公共性は…、共同性は…。」という表現を用いて、三十一字以上四十字以内で書きなさい。

出題は専修大学経済学部・商学部（一九九九年度）。出典は加藤典洋「政治と〈公共性〉」。加藤典洋が「公共性」ということを言い始めたのは、先に挙げた『敗戦後論』に収められた「語り口の問題」という評論あたりからだが（僕がこの本で「語り口」という用語を使うのは、この評論からの借用だ）、この文章はその「公共性」という用語の意味がたいへんわかりやすく説かれている（なお、『敗戦後論』に対する批判としては、同じ講談社から高橋哲哉『戦後責任論』が刊行されていることを付け加えておこう）。

この文章でも加藤は、「本音」と「建前」という言葉を使っているが、**「本音」が流通する「政治家共同体」と「建前」が流通する「外部の共同体」との二項対立**で論じていると考えればわかりやすい。司会者が「政治家共同体」に流通する「本音」を聞こうとするときには政治家は意見を言えず、政治家が「外部の共同体」で流通可能な「建前」を言おうとするときには、もうそんなことは誰も興味を持たない。すでにわかりきった意見だからだ。くりかえすが、この二重構造が日本社会の特質だというのだ。

こうした事態は、日本には「公共性」が根付いていないから起きるのだと言う。加藤は、「**公共性」と「共同性」とを二項対立として用いている。**加藤によれば、「公共性」とは何かを解決するために社会にルールを導入することへの合意であり、「共同性」とは社会内の成員の「同質性」に根ざした、ルールの中味の問題でしかない。つまり、「共同性」とは利害が一致する者どうしの集まりを指す言葉でしかないのだ。〈日本の近代国家は、「公共性」が確立する以前に、国家という「共同性」を性急に作ってしまったから、いまだに「本音」と「建前」に引き裂かれた二重構造が解消されないのだ、というか、利益共同体内部でしか通用しないはずの「本音」が何よりも重視されてしまう〉というのが加藤の結論である(主題文)。加藤はそこに、強固な「**ホンネの共同体**」を見るのである。

ここで問題を解いてみよう。

問一。いくら何でも、受験生にとって「一視同仁」はもう死語だろう。だから**文脈から判断するしかない。**また、判断できると考えたから出題したのだろう。「一視同仁の頂点」という形で出てくるのだから、「一視同仁」自体がすでに「頂点」であってはいけないことになる。となると、「絶対者」とある2、「唯一の神」とある3、「政治の中心」とある4は誤答になる。また、5の「個人の共通の意思」という表現自体がおかしい。正解のもう一つの条件は、「均質社会」(百十四行目)の形成に貢献する事柄でなくてはならないということだ。というわけで、1が正解。

問二。前の設問もこの設問も、選択肢の字数がそろえてある。たまにそういう問題を見かけるし、僕自身も自分の力量を誇示したくてついやってしまうことがあるが、**無駄な努力**だと思う。正解が選びにくくなるどころか、ダミーが不自然な日本語になって、かえってバレバレの逆効果になる場合さえある。この場合も、3、4、5はいかにもヘンな日本語である。これをヘンだと思えないようだと、日本語に関する感性が少し鈍い。それに、傍線部Aには二つの前提がある。一つは、これがまだ本論に入る前の議論であること。もう一つは、「イヤな共犯関係」とあるように、基本的にマイナスの事柄であること。3、4、5はこの二つの条件に当てはまらない。また、1は事実の記述でしかなく、その理由が2なのである。したがって、正解は2。

この「イヤな共犯関係」とは、先に説明したような、マスメディアや視聴者までもが「本音」と「建前」を使い分けつつ、「本音」を重視する「**ホンネの共同体**」を共有してしまっていることを指す。具体的には、〈自民党の方針が決まっていない時点で一代議士が次期総裁は誰がいいかなどという「本音」を口にするはずがないことがわかっていながら、いま言わないと「密室政治」と批判されますよと「建前」の議論を吹っかけて相手を困らせていることが、視聴者にもよくわかってしまっている〉状況である。だから、選挙前の立候補者によるテレビ討論会などを見ても、**誰が自分が当選すると思っているかはすぐわかる。**それは、**一番「本音」を言わない奴だ。**

問三。本文の論理の展開を少しずつ追うように設問されている。なかなか親切な問題の作りだ。2、5が規格外なのはすぐにわかるだろう。4が少しそれらしい顔をしているが、本文では「共同意志」はマイナスの用語として使われている。もし、1の「歯に衣着せぬ」が「本音」とあったら正解だろう。だが、そうはなっていない。ここは、本文の展開上「これを先の外国人記者にもわかるように、言ってみるなら」（四十五〜四十六行目）以下から探す。すると六十六行目で、〈日本の政治家のみならず社会全体に公共性が成立しておらず、「省益、社益、地域益」しか目に入っていない〉という意味のことを述べているのに気づく。そこで、正解は3となる。

問四。**これは僕にはできない**と、あえて言ってしまおう。選択肢が悪いからだ。1、2、4が違うことは僕にもわかる。しかし、3か5かは、僕には決められない。5の「空間」が無難ではある。問題は3の「社会」である。本文では「社会」という言葉に特別な意味を与えているから正解として選びにくいことはたしかだが、しかし、「社会」という言葉をすべて「公共性」を持った「社会」という意味でだけ使っているわけではない。「日本の社会全体」（六十七行目）といったごく普通の意味でも使っている。だから、空欄Cが「社会」でいけない理由が僕にはわからないのだ。まさかとは思うが、両方に満点を出していたのなら設問の指示と反するし、**入試問題の仁義にもとる。**

問五。これは素直な問題だ。1、3はトンチンカン。4と5は不十分な初期化の結果である。正解は2。

問六。何度でも言うが、この規模（受験者数のこと）の大学でよく記述問題が出せるものだと思う。採点はものすごく大変だったはずで、同じ国語の出題者として、その志にはただ感心させられるばかりだ。設問も、本文の勘所を押さえるごくオーソドックスなものだ。

ここは、「公共性」と「共同性」とが二項対立をなしているのだから、説明には当然逆接の接続詞を使う。答えは、本文の九十七行目から百四行目までの記述を中心に、「社会」を「公共性」に置き換え、「国家」を「共同性」に置き換えてまとめればいい。「**公共性はルールを導入しようとする合意だが、共同性はルールの中身の合意である。**」（三十八字）。少しずらして、七十六行目から九十六行目までを中心にまとめると「**公共性は原初の合意による一般意志を持つが、共同性は徒党の利を図る共同意志を生む。**」（四十字）となる。ま、こんなところだろうか。

加藤の言う「共同性」を「世間」と言い換えて、日本社会の特質を歴史的に論じたのが次の文章だ。

【過去問⑮】個人（ホンネ①）と世間（ホンネ②）と社会（タテマエ）

次の文章を読み、後の問に答えよ。

我が国には二種類の人間がいるといってもよいだろう。建前としての正義や公正の原理を主張する人とそのような主張をする前に正義や公正がどのような条件の下で実現できるかを考えた上でなければ発言しない人である。一般的にいっても誰でもこの二種類の人間を自分の中にもっている。私たちはこの二つの立場を常に使い分けながら生きているのである。学問の世界でもこの二種類の人間ははっきり乖離している場合が多い。

建前としての正義を声高に語る人もいるが、それよりも多いのはヨーロッパやアメリカの学者の発言を紹介し、それがそのまま日本に通用するかの議論をする人々である。これは［1］に入るであろう。彼らはたとえばヨーロッパの事例を紹介し、我が国における個人の弱さについて論じ、個人がもっと尊重されなければならないという。しかしそのためにどうしたらよいのかについてはなにも述べていないのである。

ヨーロッパの事例を紹介するだけで意味があると考えるならともかく、我が国における個人の位置がヨーロッパとは違っているなら、それが何故なのかを解明する必要があるだろう。汚職の問題にしても、住専の問題にしても、薬害エイズの問題にしてもそれらの問題の根底にはA我が国における意思決定のあり方をめぐる問題が露呈されているのである。通常は建前と本音という形で論ぜられることが多いが、我が国においては何らかの問題を論ずる際に常に建前と本音の相克が見られるのである。その背景として私たちがまず考えなくてはならないのは「世間」の中での個人の位置である。

我が国においては個人は長い間西欧的な個人である前に自分が属する人間関係である「世間」の一員であった。[イ]何らかの会合において発言する際には個人としての自分の意見を述べる前にまず自分が属する「世間」の利害に反しないことを確認しなければならない。まず「世間」人として発言しなければならなかったのである。自分自身の意見は本音として「世間」の蔭に隠れていた。「世間」を代弁する発言はこうして個人にとっては建前となり、本音と区別されたのである。こうして「世間」と個人の関係の中で我が国における建前と本音の区別が生まれたのである。

このような建前と本音の違いがくっきりとした輪郭をもって現れたのが明治以降の我が国のあり方、特に近代化、西欧化との関係の中においてであった。明治政府は欧米の近代化路線を採用することを決めた。しかしその際に真の意味で我が国を欧米化することが考えられたわけではなく、少なくとも社会構造や政府機関の組織、軍制や教育などの面での近代化が考えられていただけである。制度やインフラストラクチャー（組織などの下部構造）の面での近代化にすぎず、西欧精神の面にまで視線が届いていたわけではなかった。[ロ]表面の近代化に過ぎず、精神の面では旧来の路線の上ですべてが考えられていたのである。

このような状況の中で我が国特有の状況が増幅されたのである。欧米は圧倒的な文明の力をもって我が国に圧力をかけてきた。それは単に軍事力や合理的な法体制だけでなく、フランス革命を経て身につけた人権理念を表面に掲げたものであったから、抵抗のしようがなかった。明治時代に欧米を訪れた政府の要人たちは欧米の社会の基礎をなしている理念の圧倒的な力に感嘆を惜しまなかった。武力だけの圧力なら抵抗のしようもなかったであろうが、否定し去ることのできない崇高な理念が掲げられたとき、その前にひれ伏すしかなかったのである。［ハ］我が国の現実は欧米とはあまりにかけ離れていた。明治時代に我が国は国を挙げて欧化政策に取りかかるしかなかったのである。しかし欧化といってもそれは法制や行政構造、産業、教育制度などに限定され、人と人の関係のあり方にまではとうてい及ぶものではなかった。欧米諸国は近代化以前に数千年の時間をかけてその準備をしてきたのであり、我が国が欧米化路線を採用したとしてもわずかの時間にそのすべてをたどることができるはずもなかった。また当時の政府の要人たちも精神の面まで欧化しようと考えていたわけではなく、いわば［2］の道を模索していたのである。

　文明にせよ、文化にせよ、最終的にはその根幹に人と人の関係の特異なあり方がある。新しい人と人の関係のあり方が生み出されたとき、新たな文明が誕生する条件が生まれたことになる。明治時代に我が国は欧米の諸制度を取り入れながら、結果としては人と人の人間関係については従来の形を残すことになった。そのような決断を明治政府がしたわけではない。圧倒的な欧米の近代的諸制度を前にして身も魂も奪われてしまいかねない状況の中でかろうじて踏みとどまったというべきであろう。こうして我が国特有の状況が生まれた。［3］。

　この状況はしかしやや複雑であった。なぜなら当時欧米を訪れた人々は欧米の近代的個人のあり方に感嘆し、我が国の個人のあり方に不満を漏らしていたからである。欧米の個人のあり方を理想とする人々も少なからずいたのである。しかし我が国は結果としては従来の個人のあり方を変えることはなかった。こうして［a］枠組みの中に［b］個人のあり方だけが生き残ることになった。

従来の人と人のあり方とは一言でいえば「世間」のことであり、「世間」が生き残ったということなのである。「世間」とは古来日本人の世界観の一部をなしており、本来山や川、海や風などの自然界の出来事をも包含するものであり（器世間）、後世になって人と人の関係のあり方を意味する（［4］世間）ようになったものである。近代的な諸制度の中に伝統的な人間関係である「世間」が生き残ったことはその後の我が国の諸問題にB深くそして決定的な影響を残すことになった。政治や経済の諸問題だけでなく、法や教育の面においても欧米の影響は大きかったから、これらの諸問題については常に欧米に範が求められていた。欧米の個人のあり方は当時の知識人を捉えてはなさなかったし、明治以降の我が国の体制の中では欧米に範をとった近代化路線が主流をなしていたから、政治家も学者も文化人も公的な発言をする際には常に欧米流の内容を主として発言していたのである。

しかしひとたびその内容が発言者個人の生き方に関わる場合には複雑な事態となった。なぜならそこには「世間」が生きていたからであり、公的な発言をするものは常に自分の生き方と離れて別な次元のこととして話をしたのであり自分の「世間」に関わらないよう用心していたのである。

こうして建前と本音の世界の区別が生まれたのである。人々は公的な発言をする際には常に欧米流の内容を主として発言し、公的な場を離れたときには自分の「世間」に即して本音でしゃべったのである。明治以降我が国はこのようにして理念の世界と本音の場の世界との二つの極をもつことになり、C特に知識人の場合はその相克は深刻なものがあった。

（阿部謹也著『「教養」とは何か』による。ただし、一部手を入れてある。）

問一 空欄［1］にあてはまるものとして最も適切なものを、次の1〜5の中から一つ選び、その符号をマークせよ。

1 現実論者　2 本音論者　3 公式論者　4 建前論者　5 折衷論者

問二 傍線部A「我が国における意思決定のあり方をめぐる問題が露呈されている」の説明として最もふさわしいものを、次の1〜5の中から一つ選び、その符号をマークせよ。

1 我が国では建前優先の議論によってのみ意思決定がなされるために、世間の利害が黙殺されるということ。

2 我が国ではたえず欧米の事例が問題にされ範とされるために、理想的な意思決定が可能になるということ。

3 我が国では建前としての正義や公正を排するあまり、その場しのぎの無責任な意思決定となるということ。

4 我が国では個人の意思を重視するあまり、世間の本音を無視したところで意思決定がなされるということ。

5 我が国では常に建前論を軸に論議が進められるために、個々の責任ある意思決定には至らないということ。

問三 空欄［イ］・［ロ］・［ハ］をそれぞれ補う言葉の組み合わせとして最も適切なものを、次の1〜5の中から一つ選び、その符号をマークせよ。

1 （イ）しかし　（ロ）したがって　（ハ）つまり

2 （イ）したがって　（ロ）つまり　（ハ）しかも

3 （イ）つまり　（ロ）なぜなら　（ハ）したがって

4 （イ）なぜなら　（ロ）しかも

（ハ）しかし

5 （イ）しかも　（ロ）しかし

（ハ）なぜなら

問四 空欄[2]にあてはまる、最も適切な四字熟語を記せ。

問五 空欄[3]にあてはまるものとして最も適切なものを、次の1〜5の中から一つ選び、その符号をマークせよ。

1 欧米を訪れた政府の要人と封建的慣習の中に生きる庶民との間に近代化に対する精神的隔絶が生じ始めたために、日本的な個人のありようが制度的にも残されたのである。

2 日本の社会構造や政府機関の組織、軍制や教育などの面で急激な近代化が進められたため、精神面での近代化は明治政府の政策からは除外されてしまったのである。

3 国家の体制と法制、経済の諸制度、教育体制などは欧米に範を得て一応近代化されながら、一人一人の人間の生き方の点では従来の慣行が維持されたのである。

4 日本に対する欧米の圧力は長期間を費やして築かれてきた人権理論に支えられていたため、社会と個人の関係についても欧米のそれに従わざるを得なかったのである。

5 国を挙げて急速に社会構造の欧化政策を進めたにもかかわらず、個人のあり方という点では欧米的なものと日本的なものとを徐々に混在させていくしかなかったのである。

問六 空欄[a]と[b]をそれぞれ補う言葉の組み合わせとして最も適切なものを、次の1〜5の中から一つ選び、その符号をマークせよ。

1 （a）錯綜した　（b）理想的な

2 （a）「世間」の　（b）古来の

3 （a）過去の　（b）欧米的な

4 （a）近代的な　（b）従来の

5 （a）形式的な　（b）精神的な

問七　空欄［4］にあてはまるものとして最も適切なものを、次の1〜5の中から一つ選び、その符号をマークせよ。
1　天地　2　有情　3　創造　4　近代　5　伝統

問八　傍線部B「深くそして決定的な影響」について具体的に言及した部分を、本文の中から二十五字以内（句読点を含む）で抜き出して記せ。

問九　傍線部C「特に知識人の場合はその相克は深刻なものがあった」とあるが、その理由を本文中の語句を用い、五十字以内（句読点を含む）で記せ。

問十　本文中には一箇所、文脈上意味の通らない箇所がある。その箇所を含む部分を抜き出し、正しく改めよ。どちらも、十五字以内（句読点を含む）で答えよ。

出題は明治大学商学部（一九九八年度）。出典は阿部謹也『「教養」とは何か』（講談社現代新書、一九九七年）。阿部は日本を代表する中世ヨーロッパ史の研究者で、筑摩書房から著作集が刊行された。この本は一橋大学の学長になってからのものだが、阿部謹也の愛読者の僕としては、啓蒙家というか教育者というか、これまでとは違った阿部謹也像にちょっと戸惑っている。

本文では、世間という言葉がキーワードの一つとして使われているので、本書の姉妹編である

『「世間」とは何か』(講談社現代新書)から、次のような一節を引いておこう。

西欧では社会というとき、個人が前提となる。個人は譲り渡すことのできない尊厳をもっているとされており、その個人が集まって社会をつくるとみなされている。したがって個人の意思に基づいてその社会のあり方も決まるのであって、社会を作りあげている最終的な単位として個人があると理解されている。日本ではいまだ個人に尊厳があるということは十分に認められているわけではない。しかも世間は個人の意思によってつくられ、個人の意思でそのあり方も決まるとは考えられていない。世間は所与とみなされているのである。

最後から二つ目の文は「しかも、世間は個人の意思によってつくられたり、世間のあり方が個人の意思で決まったりするとは考えられていない」とでも添削したくなるところだが(生意気でゴメン!)、それはともかく、やや堅い論説文にたまに見かける「所与」という言葉は「何の疑問もなく、はじめから与えられているもの」という意味である。**日本人にとって世間とは「つくる」ものではなく「与えられているもの」**だというのだ。このような受動性が、日本人の主体性のなさとしてしばしば非難の的になる。

阿部は、日本の政治家が何らかの嫌疑をかけられたとき、「自分は無実だが、世間を騒がせたことについては謝罪したい」などと発言することについて、西欧ならば自分の無実を勝ち取るまで闘うのが普通で、とても考えられない発言だと言う。たしかに、西欧でトラブルに巻き込まれたときなどには、日本人どうしのときのように、軽い挨拶のつもりで「すみません」なんて自分のほうから謝ることなど絶対にしないようにというアドバイスを聞くことがよくある。いつだったか、僕の勤務先の成城大学の門前で車と車とがごっつんこして、屈強な男二人が降りて来た。殴り合いになったら面白いぞと思って見ていたら、お互い「イヤー、どうも、どうも、済みません」とやっていたので、そのあまりに日本的光景に苦笑してしまった——。アレッ、ちょっと話がズレたかな。

政治家の話に戻ろう。阿部は、政治家が「世間」に対して謝罪するのは、彼らにとって「世間は社会ではなく、自分が加わっている比較的小さな人間関係の環」でしかないからだと言う。社会学でも、**世間とは、「身内」の集団よりは大きく、「社会」よりは小さい、ある種の縁で結ばれた中間的な準拠集団**だとされる。準拠集団とは、ある個人の行動原理を決定する拠り所となるような集団のことである。その意味で、「世間並み」という言葉ほど日本人の心性を象徴する言葉はない。

ここで一つ前の過去問⑭を復習するなら、加藤典洋のいう「公共性」は「社会」と重なり、「共同性」は「世間」と重なると考えることができるが、日本社会論としての問題は、この世間という中間的な準拠集団をどう評価するかにある。

一般的には、世間は個人にとってしがらみや束縛であったりすると批判的に捉えるのが普通だが、一方で、むきだしの競争社会から個人を守る役割を果たしたりもするという評価のしかたもあるだろう。あらゆる評価には基準がある。この場合、どちらの評価においても、個人という思想が基準となっている。前者は、個人の可能性の芽を摘んでしまうから否なのであって、後者は、個人に安らぎを与えるから是なのである。ただし、後者においても、かくして日本では個人の自立が妨げられるという批判がその裏側に張り付いている。加藤典洋もこの立場をとっていると言っていい。

日本社会論において、個人という思想はかくも強力な批判力を持つのである。阿部謹也は単純な世間批判論者ではなく、「絶対的な神との関係の中で自己を形成することからはじまったヨーロッパの個人」と「世間との関係の中で生まれている」日本の個人とは、**優劣の関係にあるのではなく、「違う」のだ**と判断できるだけの知性がある。しかし、多くの日本社会論者は、ヨーロッパ流の個人という思想を基準として、たとえば世間といった曖昧な存在を一刀両断に切り捨てる。

第一章で確認したように、ヨーロッパでさえも、個人は近代以降に確立された思想にすぎないが、現在のところ、もっとも広く信じられている思想であることには間違いない。近代というシステム同様、世界がヨーロッパ化するにしたがって、個人という思想がいままさに全世界に向けて拡大し続けているのも事実である。しかしそれは、たとえば今後千年も続くような普遍性を持つ思想なのか、それとも近代とともに消えゆく運命にあるような歴史的に限定された思想であるかどうかはまだわからない。だとすれば、個人思想の発祥の地であるヨーロッパより日本は劣っていると考えるのではなく、違っているというニュートラルな認識から出発することのほうが、ヨーロッパと日本という**異文化どうしの対話の可能性を開く**ことになるだろう。この本文も、そのような対話の可能性として読みたい。

ところで、この阿部の文章を読むと、世間と個人、本音と建前の関係がやや錯綜しているように見えるところがある。具体的には、三十二行目から四十三行目までの記述（①）と百二十六行目以下の記述（②）とがうまくかみ合っていないように見えるのである。前者（①）においては、世間を代弁するときには建前を言い、その影に個人の本音があると述べている。つまり、世間が個人を抑圧する構図である。ところが、後者（②）においては、公的な発言をするときは建前（理念）を語り、公的な場を離れると世間に即して本音を語るものだと述べているのだ。つまり、世間が個人を解放する構図である。いったい、個人の本音は世間と同じところにあるのか、それともその裏側にあるのか。世間は個人を抑圧するのか、解放するのか。この関係はどう読めばいいのだろうか。

一つの理解のしかたは、①は近代以前のあり方で、②は近代以降のあり方だと捉えることである。「このような建前と本音の違いがくっきりとした輪郭をもって現れたのが明治以降の我が国のあり方、特に近代化、西欧化との関係の中においてであった」(四十四〜四十七行目)という記述は、こういう理解のしかたを裏付ける。しかし、傍線部に注目するなら、それ以前にも「くっきり」ではないが「建前と本音の違い」があったことになる。そこで、先の疑問に行き着くわけだ。

では、どう理解すればよいのか。それは、近代以前と近代以降との歴史的な差異を組み込みながら、世間と個人との関係の変質を捉えることである。

近代以前の日本には、社会という概念はなかった。というより、社会が形成されていなかった。そこで、世間が個人の関わる最も大きな世界になり、世間という建前の領域の内部に個人という本音の領域が形成されることになった。ところが、近代以降の日本には、曲がりなりにも世間よりも広い社会という領域が作られ、その社会では「近代化路線が主流をなしていた」(百十六行目)から、旧時代の日本的感性はおおっぴらには公言できない本音の領域に抑圧されることになった。そこで、西欧流の理念(建前)しか通用しない社会という領域の内部に、日本的感性が本音として密かに流通する世間という領域(これを、「社会に対する世間の本音」と呼んでおこう)が形成されてしまったのである。あるいは、世間がそのように変質したのだ。

その上に、近代以前の世間と個人との関係も残存した。つまり、**近代日本では、西欧のように個人と社会とが直接対峙するのではなく、個人と社会との間に、世間という領域が入り込むことになった**のだ。その結果、近代以降は、世間に対する個人の本音（本音①）と社会に対する世間の本音（本音②）との二つの本音が交錯することになってしまったのだ。この場合、**世間は、個人にとっては建前であり、社会にとっては本音でもあるという二重性を帯びる**ことになる（図を参照）。

この二つの本音（本音①と本音②）が一致している人物、すなわち、社会に対する世間の本音（本音②）の領域だけでなく、世間に対する個人の本音（本音①）の領域でも日本的な思考に価値を見いだすような保守的な人物は、本音の分裂に悩まなくて済んだ。しかし、社会に対する世間の本音（本音②）を理解しながら、一方では、世間に対する個人の本音（本音①）の領域では西欧流の理念に価値を見いだすような進歩的知識人は、二つの本音の間で引き裂かれることになったのである。**進歩的知識人は、世間に対する個人の本音**（本音①）**では西欧を支持し、社会に対する世間の本音**（本音②）**では日本を支持することになった**からである。これが、本文の最後で指摘している問題で

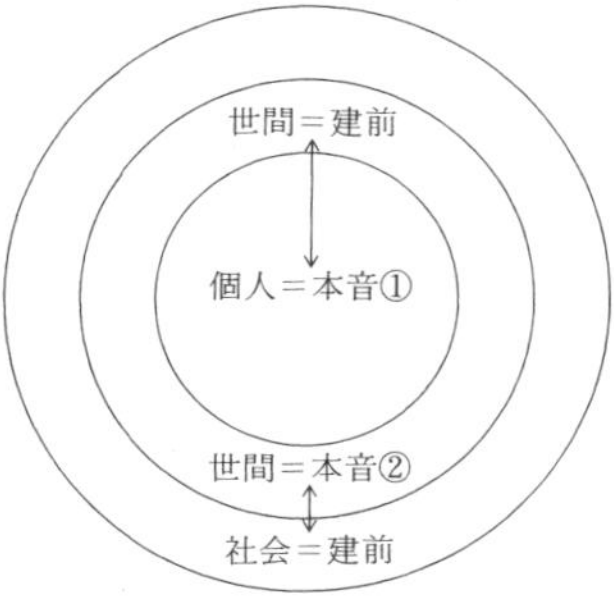

図　個人と世間と社会

ある。

もしかしたら、これはオーバー・リーディング（深読み）なのかもしれない。阿部は、たんに近代以降も世間という古い人間関係が残ったと言いたいだけなのかもしれない。でも、本文を細部まで整合的に理解しようとすれば、こういう作業はぜひ必要なのだ。

さーて、長い準備が終わった。いよいよ問題を解いてみよう。

問一。選択肢は、5が見当違いなのはすぐにわかる。あとは、1「現実論者」と3「公式論者」とが対に、2「本音論者」と4「建前論者」とが対になっている。文脈からして、正解は3か4である。「建前としての正義を声高に語る人もいるが」（十行目）と、逆接の接続詞の後に来る空欄だから、4「建前論者」を選ぶ勇気は出にくいのだが、冷静に考えてみれば、「欧米に範が求められていた」（百十三行目）近代日本では、社会での建前としての発言は「欧米」流にならざるを得なかったのである。したがって、4が正解だ。

ただし、4を正解にするには、やはり文章の流れが悪い。だからこそここが設問になったのだろうが、**文章の欠点を利用した設問はあまり好ましいものではない**。さらに言えば、「人々は公的な発言をする際には常に欧米流の内容を主として発言し」（百二十七〜百二十八行目）という記述がある以上、また、「欧米に範が求められていた」近代日本では「欧米」流の発言が公式見解になるという解釈も可能である以上、3も捨てがたい。3を間違いとは言いにくいのではないだろうか。やはり、空欄補充は疑問の多い設問形式だ。出題者は、**空欄補充は本文を復元させるための設問ではなく、論理を正しくたどらせるための設問だ**ということを肝に銘じる必要がある。

問二。この設問は、かなり早い段階で本文全体の論旨を問うている。その意味では難問だが、選択肢は素直だ。だから、この段階で全文の論旨を把握できるメリットがあると考えたほうが精神衛生上よさそうだ。ヒントになるのは、「人々は公的な発言をする際には常に欧米流の内容を主として発言し」(百二十七〜百二十八行目)という一節である。

1は「世間の利害が黙殺される」が間違い。「黙殺される」のは個人の利害だ。2は後半がメチャクチャ。3は「建前としての正義や公正を排するあまり」が間違い。4は「個人の意思を重視するあまり」が間違い。5が正解。

問三。空欄が三つもあるが、はじめの(イ)だけで一発でわかる。ここは、この中では「したがって」以外は入り得ない。したがって、正解は2だ。これを間違うようだとかなり不安だ。実際に、接続詞を使った文章をたくさん書く練習をしてみるといい。

問四。これは知らなければどうしようもない。明治期の知識人を形容するときによく使われる四字熟語で、「和魂洋才」である。〈こころは日本で、頭は西洋〉、つまり、精神は日本的ながら、学問は西洋のものを身につけるということである。

問五。空欄が多いなぁ。こんなのありかなぁ。ま、気を取り直して……。ここは、この段落のまとめであり、かつ次の段落への導入となっていなければならない。どうやら、「和魂洋才」の説明とも言えるところであって、新しい制度の中に、古い人間関係が残ったということらしい。

1は前半が本文には書かれていない事柄だ。2は「進められたため……除外されてしまった」という呼応がおかしい。精神面での近代化ができなかったのは、制度面での近代化が急激だった「ため」ではない。4は「社会と個人の関係」まで近代化されたことになってしまい、前後の段落の論旨と合わない。5は「徐々に混在させていく」のところが間違い。「混在」できずに古いまま残ったのである。というわけで、3が正解。

問六。また空欄補充だが、問四からの流れが摑めていれば、これは易しい。aのほうには新しいという意味の言葉が、bのほうには古いという意味の言葉が入るはずである。そうなれば、正解は4しかない。

問七。出題者は、この四字熟語を受験生が知っているとは思っていないだろう。類推で解けるという判断である。「人と人の関係のあり方を意味する」のだから、「有情《うじょう》」だ。

問八。「近代的な諸制度」と「伝統的な人間関係」(百七〜百八行目)との混在が近代日本に何をもたらしたのかを聞いている。〈近代/伝統〉の二項対立を言い換えているところはどこか。もちろん、この文章の結論部から探すことになる。「理念の世界と本音の場の世界との二つの極をもつこと」(二十四字、百三十〜百三十一行目)が正解だが、「建前と本音の世界の区別が生まれた」（十六字、百二十六行目）を誤答と言えるだろうか。「こうして『世間』と個人の関係の中で我が国における建前と本音の区別が生まれたのである」（四十一〜四十三行目）という一文があるから、近代以前の説明にも当てはまってしまうという理由で、好ましくはないが、後半の文脈からは絶対に間違いとは言いにくい。僕ならこれを排除するために、正解に「二十字以上二十五字以内」という条件を付ける。

問九。記述問題だ。何度もくりかえすが、この規模の大学でよくできるなぁと感心する。しかも、この文章の臍になるところに関する設問である。この結論部に関しては、準備段階ですでに解説済みだから、解答例のみ示しておこう。「本音の次元での日本的な価値観と、建前の次元での欧米的な価値観とに引き裂かれたから。」（四十一字）だときれいな答案だが、これでは日本人全体の傾向と知識人特有の苦悩との差が書けていない。零点ではないだろうが、満点は貰えないだろう。

そこで、「個人的な次元では従来の世間の本音を生きながら、一方で、欧米の理念への憧れが一般よりも強烈だったから。」（五十字）でどうだろう。また、先の答案に加筆して、「本音の次元での日本的な価値観と、建前の次元での欧米的な価値観とに一般よりも強烈に引き裂かれたから。」（四十九字）とするなら十分に点が出るだろう。僕なら、「世間に対する個人の本音では西欧を支持し、社会に対する世間の本音では日本を支持することになったから。」（四十九字）なんて書いてみたいけれど、先に言ったような理由で、一般人と知識人との差が書けていなくて弱いし、独り善がりだから点は出ないだろう。

問十。こういう設問は時間を食う。時間的に厳しかったら、すっ飛ばすのが賢明だ。正解は、「抵抗のしようもなかったであろう」（誤、十五字、六十五〜六十六行目）。「抵抗のしようもあったであろう」（正、十四字）。設問はこれで解けたが、事実として、本当に抵抗のしようがあったのかなぁ。たとえ「武力だけの圧力」であってもとても抵抗などできない状況だったから、開国したのではなかったのだろうか。ま、歴史家の阿部の言うことだから、信じよう。

この章では、日本社会を論じるためのキーワードの使い方を学んだ。一つは〈社会／個人〉という二項対立であり、もう一つは〈建前／本音〉という二項対立である。そして、最近はこれに〈公共性／共同性〉という二項対立が加わった。「はじめに」で紹介した森永茂の言い方を真似るなら、やや古風な〈社会／個人〉という二項対立は下位校で、オーソドックスな〈建前／本音〉という二項対立は中堅校で、ニューウェーブの〈公共性／共同性〉という二項対立は上位校で出題されそうな気がする。この予想、当たるかな？

加藤典洋『**日本の無思想**』（平凡社新書）

このところの加藤典洋の日本論の集大成といった趣がある。〈タテマエ／ホンネ〉〈内／外〉〈公／私〉といった日本論にお決まりの二項対立を駆使して、戦後日本の空洞化を切る。でも、「そんなにナイナイづくしであなたは空しくありませんか」と加藤に問いかけたくもなる。それに、日本を叩けば、それを叩く自分は偉く見えるという批評のスタンスは、いまの僕には鬱陶しい。

大澤真幸《まさち》『**戦後の思想空間**』（ちくま新書）

アメリカの「善意」によって支えられていた日本の戦後は、アメリカの退場によって当然行き詰まる。そこで、戦前のナショナリズムに関わる思想にまで立ち返って、現代日本を切る。僕は、こういうスタンスは危なっかしく見えるのだが、いかに危なっかしくても現代という時代と添い寝をするのが批評家の仕事だ。

阿部謹也『**「世間」とは何か**』（講談社現代新書）

前の二冊と比べると、いかにも正統的な日本社会論だ。日本社会を特徴づける「世間」を古代にまで遡って歴史的に意味づけた労作。阿部の記述に従うなら、近代の「世間」がいかに貧困な世界になったことかと思わされる。だが、それは社会を受け入れた代償なのだ。僕たちは、単純な懐古主義者になるべきではない。

第八章

吉里吉里人になろう

——国民国家

批評家の赤坂憲雄が山形県の東北芸術工科大学に就職してからもう何年になるのだろう。たしか、それまでは予備校で教えながらの批評活動だったはずで、一読者として赤坂の仕事に教えられることが多かったにもかかわらず、「これで落ち着いてしまうんだろうなぁ」とか「東北の地に埋もれてしまうんだろうなぁ」などと思ったのは、僕の不明のなせる技であった。

赤坂はその後「**東北学**」なるものを提唱し始め、現代日本のアイデンティティに根底から揺さぶりをかけ始めたのだ。大学の全面的なバックアップもあって、昨秋にはその名もズバリ『東北学』なる雑誌まで刊行し始めている。赤坂の挑戦にはいったいどんな意味があるのだろうか。

「**国民国家**」という言葉を聞いたことがあるだろうか。もし聞いたことがなかったら、今後の大学受験国語におけるキーワードの一つとなることは確実だから、ぜひ覚えておいてほしい。「国民国家」とはどういうものなのか。ある人の定義を引いてみよう。ただし、僕が勝手に太字で強調したところがある。

国民国家（Nation-State）という概念は〈近代〉が生みだしたイデオロギーである。**同一の言語を話し、同一の国籍を有し、同一の法の支配のもとにおかれる存在を国民とよぶ**とするなら、国民の存在はそれほど古い歴史を持つものではない。たとえば、フランス革命は、地縁ないし職能的な社会的結合関係で結ばれていた社会を否定して、**個人を国民として直接**

的に国家に結びつける原理をうみだした。

（桜井哲夫「国民国家」今村仁司編『現代思想を読む事典』講談社現代新書、一九八八年）

桜井の言っていることを、僕たちにお馴染みの言葉で言い換えれば、〈フランス革命はそれまでの共同体と個人との関係を否定し、個人が国家とむきだしのまま関係を持つような装置を作りだした、それが国民国家だ〉ということになる。こういう個人を国民と呼ぶならば、**国民とは国境を内面化した個人**、つまり、**国家の原理を体現した個人**と言うことができる。共同体に守られていないむきだしの個人を、社会学者のマンハイムは「**甲羅のない蟹**」と呼んだ。それは自由であると同時に不安定でもあるので、人々は安定を求めてファシズムのような全体主義的イデオロギーに吸い寄せられてしまいやすくなる、というのが現代社会学の考え方だ。その意味で、近代的個人の自由はある危うさを孕んでいるのだが、現在人文科学で問題となっているのは、この国民国家それ自体のあり方である。

たとえば、国民が「同一の言語を話し」と言うが、それは現実にあり得るのだろうか。桜井は、フランス革命時のフランスでさえ、実際に「フランス語」を話したのは全人口の四分の三程度だったことを指摘して、こう続ける。

かりに民族を文化的概念としてとらえるなら、民族を「**言語共同体**」（言語の共有）として考えることができよう。支配的な民族語による地域的な民族語の吸収・征服によって民族国家が形成されるのである。そしてそこに「国民」という理念が生みだされるのであって、国民とは単なる国家の民のことではない。したがって、**言語的統一が成立することが国民国家形成の前提条件**となるはずである。（中略を含む）

文化は「言語」（文字がなくてもかまわない）によって共有され、伝承される。とするなら、民族とは一つの言語を共有している集団と言うことができる。そして、そのような民族が一つの国家を形成しているのが国民国家である。すなわち、**国民国家は一つの言語を共有する**。だが、もし現にそうなっていたとしたら、そのプロセスで、桜井の言うような強い民族による少数民族の支配が行なわれていたはずである。つまり、**国民国家は自然にできたのではなく、作られたもの**なのだ。当然、**国民も作られた存在**ということになる。その上でくりかえすが、言語的統一は現実にあり得ることなのだろうか。たとえば、方言の問題はどう考えればよいのだろうか。日本の方言は日本語なのだろうか。いや、**そもそも方言でない日本語は存在するのだろうか**。それに、日本民族の同一性をいうなら、アイヌや沖縄の問題はどうなるのか。

ベネディクト・アンダーソンという政治学者は**国民国家を「想像の共同体」と呼んだ**が（彼の

書物『増補版 想像の共同体』NTT出版、一九九七年、は、いまや人文科学ではまるで聖典のような扱いである)、こういう疑問を突きつけてゆくと、そもそも、国民国家の前提となる言語の同一性自体が想像の産物らしいことがわかってくる。国民国家とは砂上の楼閣のようなものなのだ。そこで、国民国家のいかがわしさを批判の標的に選んだ研究、**カルチュラル・スタディーズ**がいま破竹の勢いなのだ(これを、「カルスタ」とか「C・S」などと略して呼ぶ人がいるが、「カルスタ」という呼び方のほうは「軽薄な研究」といった含みを持つようだ)。日本文学の研究者にもカルスタの信奉者がどんどん増えているから、大学受験国語にも国民国家というキーワードが顔を出し始めたのである。

アンダーソンは、印刷物の普及が国民国家という想像の共同体の形成に大きな力を発揮したと言う。近代日本で印刷物がこういう力を発揮したのは、二つの戦争においてであった。ただし、誤解のないようにあらかじめ断っておくと、いかなる正義の戦争もあり得ない。戦争はすべて悪だ。だが、現在の地点からかつての戦争の意味を考えておくことは、歴史に学ぶ意味から重要な仕事である。そういう意味で、戦争に言及するのである。

一つは日清戦争で、この戦争は中国に対する日本人の劣等感を払拭する役割を果たした。日本語は、「大和言葉」に漢語が混入してできあがったものである。そもそも、文字を持たなかった日本に文字をもたらしたのは中国なのだ。そのことが、古くから日本のナショナリストたちの愛国心を傷つけていた。日清戦争は、それまで言語的にも文化的にも日本の「先生」だった中国を乗り越えた戦争だと、当時受け取られたのである。もう一つは日露戦争である。言うまでもなく、日露戦争は、遅れてきた近代国家日本が西欧列強とようやく肩を並べ、国際社会にデビューした戦争として、当時受け取られた。

この二つの戦争時に新聞報道が大きな役割を果たしたのである。というより、戦争報道を通じて、新聞が部数を飛躍的に伸ばしたのだ。**そのとき、日本国民は、新聞の戦争報道を通じて、同じ日本人がいま「敵国」と戦っているという実感を共有した。**つまり、そこに「日本」という想像の共同体が形成されたわけだ(メディアが果たしたこういう役割について分析した先駆的な共同研究は、岩波書店発行の雑誌『季刊文学』に二度発表されている〔一九九三年春号、九四年夏号〕)。

これらは昔の特別な事例だと思うかもしれない。しかし、決してそうではない。戦争でなくとも、**国際的なイベントがナショナリズムの教育装置**であることは、いまや周知の事実ではないだろうか。たとえば、長野冬季オリンピックで活躍した日本のジャンプ陣は「日の丸飛行隊」と呼ばれた。日の丸、君が代にはあれほど過剰に反応するジャーナリズムも、あっさりとナショナリストになるのが国際イベントなのだ。また、サッカーのワールドカップの放映では、解説者の松木安太郎という人物が城選手の笑い顔に苛つき、「戦場では白い歯はいりません!」とテレビで叫んだ。

僕は、この「日の丸」「戦場」という二つの比喩を聞いて鳥肌がたった。**比喩ほど人の感性を**

無意識のうちに強力に教育する装置はないからだ。それに、僕は、毛利衛さんとか向井千秋さんとかがアメリカのスペースシャトルに乗ることも、日本国民として恥ずかしいとは思っても、決して誇りには思えないのだ。だって、あれってまるで〈車の買えない人が隣の家の車に乗せてもらっている〉という感じじゃない？　ウーン、また話がそれた。元に戻そう。

　アンダーソンは、郵便制度にも注目しているが、なるほど全国一律料金という郵便制度は、国家としての同一性を実感させるにはまたとない制度だろう（山根伸洋「帝国」〈総特集・現代思想のキーワード〉『現代思想』臨時増刊、二〇〇〇年二月）。現在では再販制度に支えられて書籍も全国一律料金だが、かつては送料を上乗せした「地方価格」というのがあったのをご存じだろうか。「全国一律」という制度も、国民国家にとっては感性の教育装置なのだった。

　僕たちが国民国家に生きていながらそれをあまり意識しないのは、それがすでに空気のように当たり前のものとなっているからだが、たとえば明治期にあってはそうではなかったはずである。そこで、こういうことが起こる。次に引くのは、下田歌子という明治期に活躍した体制イデオローグの代表的人物の文章である。古い文章だから、資料として旧仮名遣いのまま引く。

　然るに、夫婦の間の仕事は、昔から、画然《ちゃん》と分業的になつて居るので御座います。即ち何時の世、如何なる時でも、夫は外に出でゝ活動し、婦《つま》は家に在つて内を整理すると云ふ考へが、誰に教えらるゝとなしに、夫婦の間に考へられて居り、且行はれて居りました。
（『婦人常識の養成』実業之日本社、一九一〇年）

ここに書いてあることは、端的に嘘である。「昔から」と言うが、夫婦の分業が成立していたのは、江戸時代なら全人口の五パーセントにも満たない武士階級だけだろう。つまり、夫婦の分業が成立するためには、夫がサラリーマンでなければならないのだ。もちろん、武士はサラリーマンである。ところが、武士階級が崩壊した明治になってからは、サラリーマンは都市部でさえも人口の数パーセントにも満たなかった。夫婦の分業が成り立つはずがないのだ。

下田歌子のような説明のしかたは、ありもしなかったことを昔からあったかのように言うという意味で、**伝統の発明**とか**創られた伝統**とか言う。「昔からこうだったのだから……」、こういう説明のしかたが、国民国家の成立を見えにくくしているのである。だから、国民国家の成立期にまで遡って、こういう説明のしかたの嘘を暴くことは意味のある作業だ。それは、カルスタの重要な仕事の一つである。

日本の場合、国民国家が形成されたのは明治維新以降だが、まさしくそのために、伝統の発明そのもののような説明が日常的に行なわれたのだ。そこで、その説明の嘘を暴いたり、国民国家形成のプロセスで文化がいかに貧しく変質していったのかを論じるために、『〇〇の近代』といったタイトルを冠した本が数多く刊行されたのだ。それが、カルスタの典型である。

しかし、日本の近代の場合、明治政府が無理矢理近代国家をつくったことは中学生にでもわかっている事実なのだから、**つくられた近代**とか**つくられた国民国家**とかいった結論は当たり前すぎて馬鹿馬鹿しい。そこで、国民国家形成のための一見目立たない教育装置を探し出していくのが、現在のカルスタのやっていることだ。これまで「研究」の対象とは見なされてこなかった事象を好んで研究対象とするわけだ。アンダーソンの真似をして新聞や雑誌といったメディアの研究をすることはもとより、文学全集とか作文教育とかスポーツとか博覧会とか衛生思想とか果てはトンカツ料理とか……。何が国民国家形成に寄与したのか、いわば隠れた悪者探しである。僕には、もはやそんな感じにさえ見える。——いや、気を取り直して本筋に戻ろう。

たとえば、衛生思想についていえば、清潔なのが近代人の特徴だとすれば、清潔思想が行き渡るプロセスで、逆に誰が「汚い」と呼ばれることになったのか。清潔な正しい日本人という日本標準が形成される一方で、階層差別や民族差別の構造ができあがってしまう。**標準的な日本人像の形成は、実は暴力的なまでに差別的な力を発揮する。**そういうことを見つけていくのがカルスタの仕事なのだ。

ここで、〈近代とは何か〉というこの本のスタート地点にふたたび戻ることになる。自由と平等が近代を特徴づける精神だった。しかし、自由は人々を不安定にもしたし、平等という思想は均質化と標準化という暴力的な力を持ってもいた。近代になって形成された国民国家とは、そのような錯綜した力の産物なのである。

以下二題の問題は、日本語に関わって国民国家を論じた文章である。

【過去問⑯】方言は言語に憧れる

次の文章を読んで、あとの問いに答えなさい。

言語の自律性を信じ、またそれを守ろうとするたちばをとるものにとって、言語の分類が、言語にとって外的な民族や国家などの単位によっておこなわれるなどとは、がまんのならないことである。すなわち、国家が出現する以前から言語は存在し、むろん人々は民族にならずとも言語を話している。だから、言語はこれらの集団に対して絶対的なプライオリティーをもっているのである。

しかし、これは一つの言語、あれは別のもう一つの言語というふうに数えていくばあい、言語固有の原理による分類がどこまで貫徹できるであろうか。やっかいなのは、「言語」と「方言」との区別である。これらの表現の区別は日本語ではいずれもことばと言いかえられるように、はっきりと自覚的に保たれていないが、言語学の概念としては重要なので少しふれておきたい。

これら二つの用語の区別をはっきりさせておくことは、二重の意味で必要である。まず第一に、「方言」という語の日常的な用法においては、それと対立するA「標準語」に対して、価値の低い、劣ったことばとして受けとられることがある。しかし言語学で言う方言とは、一定の地域内で話されている、その地域特有のことばと言うほどの意味であって、そこには地域による差別感を介入させてはいない。だから、東京という地方の土着のことばは東京方言と呼ぶことにしている。そのばあい、東京方言と茨城方言とを並べて、一方が他方に比べてより劣っているとかいないとかということを問題にする人があるとしても、それは「方言」ということばの罪ではなくして、土地そのものに加えられた社会的、文化的差別感のせいである。方言とは、①な「言語」あるいは「○○語」というものが、土地ごとにあらわれた②なすがたである。しかし、一つ一つの方言と、これら方言を超越した「言語」像とのあいだの距離(感)は、個々の方言によってちがうのである。その中心的な「言語」像から離れれば離れるほど、その方言度は高くなり、さらに遠のくと、Bもはや方言ではなくて別の「言語」になる。方言にとどまったほうが好もしいと思うか、いっそ別の「言語」になってしまうほうを選ぶかは、いちじるしく話し手、あるいは言語共同体の意志にかかっているのである。そして、中央政府は「方言」が「言語」になってしまうことをおそれ、つねに警戒を怠らない。方言の「言語」化は、その地方の話し手を分離独立運動に導く危険をはらんでいるからである。

ヨーロッパの諸言語では、この区別がはっきり意識にのぼっていて、言語はlanguage, langue, Spracheなどと言いあらわされて、方言dialectと対立している。「言語」も「方言」もいずれもことばである点ではかわりがない。しかし、言語は方言より格が高く、C方言は言語に依存する。すなわち、方言というのは、それより上位の、より大きなことばである言語の下位単位である。日本語、ドイツ語はそれぞれ言語であるのに対し、茨城方言、アレマン方言は、それぞれ、日本語あっての茨城方言あるいはドイツ語あってのアレマン方言だと考えられている。

以上の考察から引き出せるのは、言語とは、それを構成するさまざまな諸方言をまとめて、その上に超越的に君臨する一種の超方言とする考え方である。それは頭のなかだけで描き得るきわめて抽象的なものであるから、誰にも話されていない、いわば日本語という名と、それについての観念とだけがある抽象言語とも言えよう。したがって言語とは、多かれ少なかれ頭のなかだけのつくりものである。別の言いかたをすれば、D言語は方言を前提とし、また方言においてのみ存在する。それに対して方言は、言語に先立って存在する、よそ行きではない、からだから剝がすことのできない、具体的で土着的なことばである。それが観念のなかのことばではないという意味において、首都で話されている日常のことばは、厳密な言いかたをすれば、極度に観念のなかの標準型に近づけられた首都方言である。（田中克彦『ことばと国家』）

（注）　プライオリティー＝優先権

問1　空欄①②に入れるべき語を、文中から抜き出して答えなさい。

問2　傍線部A「標準語」について説明している部分を、二〇字以上二五字以内で抜き出して答えなさい。

問3　傍線部Bのように、「方言」が別の「言語」になるためにはどうすればよいのか。二〇字以内で答えなさい。

問4　傍線部Cはどういうことか。わかりやすく説明しなさい。

問5　傍線部Dはどういうことか。わかりやすく説明しなさい。

問6　筆者によれば、「日本語」とはどのようなものと言えるか。四〇字以内で説明しなさい。

出題は公認会計士試験第一次試験（一九九七年度）。出典は田中克彦『ことばと国家』（岩波新書、一九八一年）。田中克彦は国民国家論が流行し出すずーっと以前から、言語と国家の問題について発言し続けていた学者だ。いま、どうして国民国家論者が田中克彦という固有名詞を無視しているのかが、僕にはわからない。流行とは無責任なものだ。

この文章で田中が論じているのは、まさに方言と国家との関係である。田中が言っているのは、「方言は言語ではない」、あるいは「言語は方言の上位概念である」といったごく単純なことだ。

この主張には、ソシュールのいうラングとパロールという概念が下敷きになっている。**ラングとは決して姿を現さない抽象的な言語像であって、パロールはその具体的な現れ**である。ラングは見えないし聞こえもしない規範であって、パロールは実際の発話である。つまり、日本語というラングは、必ずある特定の方言としてしか現れないのだ。逆に言えば、日常のさまざまな在り方をする具体的な発話を、なぜか僕たちは日本語として聞いているにすぎないのだ。この奇妙な事態を支えているのが、国民国家なのである。

田中の文章自体は平易なので、設問を解きながら考えよう。

問1。これはいま説明してしまった。空欄①が「抽象的」（六十四行目）で、空欄②が「具体的」（七十二行目）である。ただ、空欄②は「土着的」（七十二行目）でも正解だろう。

問2。僕たちが話している「標準語」とは何か。それを定義する試みだ。「二〇字以上二五字以内」などという指定があるということは、二十字以内で正解になるところが他にあるということを意味するから、**何度か言い換えられているところがアヤシイ**ことになる。「観念のなかのことば」（九字、七十二〜七十三行目）や「首都で話されている日常のことば」（十五字、七十三〜七十四行目）などはそれなりに正解だ。だが、これらを筆者は「厳密」に言い換えている。「極度に観念のなかの標準型に近づけられた首都方言」（二十三字、七十五〜七十六行目）と。もちろんこれが正解だ。なお、「東京という地方の土着のことば」（十四字、二十五〜二十六行目）は、字数が足りないだけでなく、これはただの「東京方言」にすぎないから間違いだ。

問3。変な設問だ。変な設問ではあるが、傍線部以降五十九行目までをきちんと理解していれば答えられる。実は、なかなかオシャレな設問だと思う。田中の説明によると、言語は国家と対応し、方言は地方と対応する。ということは、ある方言が「方言」であることをやめて「言語」になろうとすることは、その地方が「国家」になることを意味する。正解は、「その地方が国家として独立すること。」（十七字）でどうだろうか。

問4。解答欄は五十字から六十字書ける。こういうことは本文全体の趣旨と関わることなのだから、この設問では説明の能力が試されている。「言語という抽象的な上位概念がない限り、方言はその言語の具体的な姿として自らを位置づけることができないということ。」でどうだろうか。問5。前の問4と対になっている。やはり、解答欄は五十字から六十字書ける。「言語とはそれ自体実体を持たない概念で、方言の集合体としてあるので、方言という形でしか語られ得ないということ。」ではどうか。

問6。「言語」についての定義、「誰にも話されていない、いわば日本語という名と、それについての観念とだけがある抽象言語」（六十四〜六十六行目）とあるのを利用する。「**日本語という名と、その日本語についての観念とだけがある抽象言語。**」（三十二字）とでもなる。

これで、「日本語」という概念がいかに抽象的に作られたものかがわかってもらえただろうか。さて、以上は小手調べみたいなものである。この本の最後に、本格的というか、かなりヘビーな文章を読もう。ただし、設問の作りは意外に素直だ。

【過去問⑰】日本語と想像の共同体

次の文を読んで、あとの問いに答えよ。

言語とは、人間にとって最も自明な何かである。素朴な話し手が母語を話すとき、話し手は、自分が何語を話そうと意識して話しているのでもないし、また文法家がするように、その母語の規則に引きあてながらことばを発しているのでもない。そのような話し手にとって、自分が「〇〇語」を話していると教えられる知識そのものが本質的に疎外された知識であろう。この意味において、ある個人が、自分が〇〇語あるいは「国語」を話していると教えられ、意識させられたとたんに、人間にとっての、ことばの新しい歴史が始まるのである。

すなわち、わたしたちは、とくに［Ｉ］意識を介入させないときには、対象化された「〇〇語」を話すのではなく、ただ「話す」だけである。しかし、「話す」ということに根拠が求められたり、なんらかの目的意識が芽生えるならば、「言語」はわたしたちの「話す」という素朴な行為に先立って存在する実体として君臨するようになる。つまり、「話す」ことが「言語」を作りだすのではなく、どこかに存在する「言語」というものが「話す」ことの隠れた基礎と見なされるようになる。その時はじめて人間は、迷いなく「言語は伝達の手段である」という定義を下すことができよう。なぜなら、それまで言語は、言語外的状況から意のままに抜き出すことのできる「手段」ではなかったはずであるから。

したがって、言語が人間の話す行為から離れて存在する［ａ］として想像されることと、言語がコンテクストから任意に抽象することのできる中性的な道具であると認識することは、ひとつのコインの裏表の関係をなすといえる。その点からいえば、言語を［II］の精髄とみなす言語ナショナリズムと、言語をあくまでコミュニケーションの手段としてしか考えない言語道具観は、おなじ言語認識の時代の双生児なのである。［イ］

ベネディクト・アンダーソンは、言語は「想像の共同体を生み出し、かくして特定の連帯を構築する」能力をもっていると述べている。なぜなら、「いかに小さな国民であろうと、これを構成する人々は、その大多数の同胞を知ることも、会うことも、あるいはかれらについて聞くこともなく、それでいてなお、ひとりひとりの心の中には、共同の聖餐《コミュニオン》のイメージが生きている」からであるという。そこにおいて言語は、まさにこの共同の聖餐の場であり、聖霊を浴びたパンであり、あるときは、その聖餐の主宰者でもある。

アンダーソンによれば、この「共同の聖餐」は、その集団が「ひとつの言語」を共有していることを暗黙の［b］にしている。ところが、ある社会集団が同一言語の共有を意識し、そこに大きな価値を見いだすということは、いったい、いつでも、どの場所にでも生ずる疑うことのできない自明の事実だろうか。アンダーソンは、「ネーション」とは、眼に見える制度ではなく、「イメージとして心に描かれた想像の政治共同体」だという。けれども、言語そのものの同一性も言語共同体の同一性も、「ネーション」の同一性に劣らず［c］の産物なのである。すなわち、ひとつの言語共同体の成員は、たがいに出会ったことも、話をかわしたこともなくても、みな同じ「ひとつの」言語を話しているという信念をもっている。経験でいちいち確認できない言語の共有の意識そのものは、政治共同体と同様に、まぎれもなく歴史の産物である。［ロ］

A そして、「ネーション」という政治共同体と「ひとつの言語」を話す言語共同体というふたつの想像とが重なり結びついたとき、そこには想像受胎によって生まれた「国語」(national language)という御子がくっきりと姿を現わすのである。［ハ］

よく知られているように、「国語」という制度が近代国民国家を支える必須項目として出現したのは、フランス革命のときであろう。そこにおいてはじめて、フランス語は「国語」(langue nationale)として「国民」(nation)の精神的統合の象徴となった。しかしそのとき、フランスにおいては、ヴィレール・コトレの勅令やアカデミー・フランセーズなどが作り上げたフランス語そのものの同一性の意識がすでに自明の公理となっていた。革命家たちは、このフランス語の伝統をそのままできあいのものとして受け継いだ。

　ところが、あらゆる場合において、このように「言語」そのものの同一性、また「言語共同体」の同一性がすでに確立されていて、そこに国家意識あるいは国家制度が注入された結果、「国語」が生まれるわけではない。すなわち、日本の「国語」の誕生の背景は、フランスのそれとかなり異なる。

　近代日本においては、「日本語」という地盤が確固として存在した上に「国語」という建築物が建てられたのではない。むしろ、「国語」というはでやかな尖塔が立てられた後に、土台となる「日本語」の同一性を大急ぎでこしらえたという方が真相にちかいだろう。

二

「国語」がさまざまなイデオロギー的洗礼を受けて生まれた概念であることは、いまでは広く認識されているのに対し、「日本語」は言語学的に承認された中立的な客観的実在であると考えられているかもしれない。しかし、「日本語」という何の含みもなさそうなこの概念も、ある種の意識の構えの中からしか生れてこない。こうした「日本語」という概念もまた問題をはらんでいることについて、亀井孝は次のように適切に論じている。

「しかしながら《それではそもそも日本語とはなにか》ともしここにひらきなおってそう問うならば、これはもはやけっして自明の概念ではない。なんらの抽象の操作をまつことなしにすでに言語そのものが一個の統一として実在の対象としてわれわれのまえにまずあるわけではないからである。」

「すなわち万葉集のことばと二十世紀の日本の

言語とがその実質においていかにことなったものであっても、なおかつこれらをわれわれがともに〃ひとつの日本語のすがた〃としてうけとるようにみちびかれてきているとすれば、このばあいそれはすくなくとも直接には純粋な意味での言語学の影響によるものではなく、B ある固定した観念の独断である。そういう独断は歴史を超越する形而上学的な絶対の存在を暗黙のうちに——いわば神話として——仮定するそういう思想からのひとつの派生である。」

ここでは時間的連続に保証された言語の通時的同一性だけが論じられているが、おなじことはもちろん共時的側面についてもいえる。今、「日本」という政治的・社会的空間に住むあらゆる人々が、何よりもまず、「ひとつの日本語」を話していると信じなければ、概念としての「国語」など成立するはずもない。いうまでもなく、現実の言語にはさまざまな地域的・階層的・文体的変異がかならずある。しかし、たとえそうした変異性がいかにばらばらなものであったとしても、それをまさに「変異」として把握できるのは、背後に共通で同一の d があるからこそである。つまり、「国語」の成立にとって、もっとも根本的なのは、現実には、どんなに言語変異があったとしても、それをこえたゆるぎない言語の同一性が存在するという信仰をもつかどうかである。現実の言語変異は e 的なものであり、想像される「国語」の同一性こそが本質的なものだという言語意識が、絶対に必要なのである。

もちろん、「国語」の体制実現のためには、「標準語政策」によってこうした言語変異をできるかぎり消滅させねばならない。しかし、言語の完全な均質性は言語そのものの本性からは実現できることではない。「国語」においては、現実の言語政策のかたわらに、かならず、さきに述べたような想像演出がともなわなければならない。 ホ近代日本の国語意識のありかたをあきらかにしようとする際に、「国語」概念の成立過程が「日本語」の同一性そのものの確認の作業と並行していたことは、しばしば見過ごされがちである。それは、その作業が「国語」というまばゆい建築物をたてるときに、重要でありながら目立たない地盤づくりであるからである。また、「日本語」の同一性とは、手でつかみにくいプラトニックな言語意識でもある。だからこそ、鋭くて、すこぶるこまかい網をもった視覚をもたないかぎり、それはそのまま見逃されてしまう。しかし、［①］の同一性を、何の疑いもない自明の前提としているかぎり、［②］の概念がもつ、あの不思議な威力を解きあかすことは困難であろう。そこで、日本における［③］の概念が成立する以前にあって、「ひとつの日本語」の存在にまったく確信がもてなかった人たちの思考過程を明らかにしておく作業が、どうしても必要になってくるのである。

日本の「言語的近代」は、そもそも［④］という言語的統一体がほんとうに存在するのかという疑念から出発した。［⑤］とは、この疑念を力ずくで打ち消すために創造された概念であるとさえいえる。［⑥］はできあいのものとして存在していたのではない。「国語」という理念は明治初期にはまったく存在しなかったのであり、日本が近代国家としてみずからを仕立て上げていく過程と並行して、「国語」という理念と制度がしだいにつくりあげられていったのである。

(注) ベネディクト・アンダーソン――一九三六年生。主に東南アジアを対象とした、文化・社会研究で知られる。

ヴィレール・コトレの勅令――フランス国王フランソワ一世が、一五三九年に発布した勅令。ラテン語に対して、フランス語を公に用いることを定めたもの。

アカデミー・フランセーズ――一六三五年に

設立された、フランス語を洗練するための機関。フランス語の規範を示す「アカデミー辞典」の編集などを主要な任務とした。

問一 次の文は本文中に入るべきものである。［イ］〜［ホ］からもっとも適当な箇所を選び、その記号にマークせよ。

こうして高度なイデオロギー性を帯びた、まさに「言語」の時代が始まるのである。

問二 文中の［a］〜［e］に入るもっとも適当な語句を次の中から選び、その記号にマークせよ。(同じ語句を二度用いてはならない)。

イ 尺度　ロ 結論　ハ 二次　ニ 実体　ホ 根本　ヘ 前提　ト 想像

問三 文中の［I］［II］に入るもっとも適当な語句を、それぞれ次の中から選び、その記号にマークせよ。

I　イ 基本的　ロ 疎外的　ハ 反省的　ニ 象徴的　ホ 絶対的

II　イ 地域社会　ロ 民族精神　ハ 国家組織　ニ 個人主義　ホ 国民感情

問四 傍線部Aで比喩的に述べられていることが表現されている語句を、傍線部A以下の本文中から抜き出して記せ(五字以内)。

問五 傍線部Bとほぼ同じ内容を表している漢字二字の熟語を、傍線部B以下の本文中から抜き出して記せ。

問六 本文中の［①］〜［⑥］には、a「日本語」、b「国語」のいずれかが入る。次の組合せ(イ〜ホ)の中からもっとも適当なものを選び、その記号にマークせよ。

イ ①b—②b—③a—④b—⑤b—⑥a
ロ ①b—②a—③b—④a—⑤b—⑥a
ハ ①a—②b—③a—④b—⑤b—⑥b
ニ ①a—②b—③b—④a—⑤b—⑥b
ホ ①b—②b—③b—④a—⑤b—⑥b

問七 筆者の主張とあうもっとも適当なものを

次の中から選び、その記号にマークせよ。

イ　ある社会集団が同一の言語を共有していることを意識すれば、必ずその言語は彼らの共通の精神を形成するものとして大切にされる。

ロ　言語が対象として意識されると、言語ナショナリズムや言語道具観が生じ、その共有の意識が国語を制度として必要とするようになる。

ハ　近代日本では、国家意識あるいは国家制度から「国語」が必要とされ、それと並行して、その地盤となる「日本語」の同一性が確認されていった。

ニ　近代日本は、日本語の通時的・共時的同一性を信じて国家を建設していったので、標準語政策が徹底しても当然であった。

ホ　古代日本語と現代日本語との同一性は、言語学的にも形而上学的にも妥当な思想から派生するものである。

出題は早稲田大学第二文学部（一九九八年度）。出典はイ・ヨンスク『「国語」という思想』（岩波書店、一九九六年）。イ・ヨンスクは田中克彦の弟子なので、問題意識をみごとに共有している。ただし、言葉遣いがやけに難解だから、わかりにくいのである。わかりやすい文章も、先生から学んでほしかった。

イ・ヨンスクが本文の前半で言っていることは、〈アンダーソンは、想像の共同体である国民国家が言語の同一性によって成り立っていると言っているけれども、**そもそもその言語の同一性自体が想像の産物ではないのか**〉ということだ。これは、日本の明治期を知る者にとっては、すぐに理解できることである。

明治期の日本には、そもそも「日本語」と呼べるような「言語」としての同一性を見いだすことはできなかった。一つは「漢字」の問題であり、もう一つは「方言」の問題である。「漢字」という中国の文字は、もともと文字を持っていなかった「日本語」にとって不純物であったし、明治期の日本の言葉は、依然として「方言」の集合体としてしか存在していなかった。その上に、「話し言葉」と「書き言葉」との乖離の問題があり、「文字」と「音声」とのどちらが「言語」であるかという問題も未解決のままであった。

これを一気に解決するのが、「**言文一致**」と「**漢字廃止論**」である。「東京語」を「標準語」とすることで「方言」を封じ込め、その上で「話し言葉」と「書き言葉」とを一致させる。これが「言文一致」である。さらに、中国の文字である「漢字」を廃止して、「音声」を重視すれば、表音文字である平仮名だけによる「日本語」の表記が出来上がる。これが「漢字廃止論」である。結局「漢字廃止論」は実現しないが、こうした考え方には、純粋な「日本語」を作り上げようとする志向性が見て取れる。

この純粋な「日本語」こそが「国語」という概念なのだ。イ・ヨンスクは『「国語」』は、日本語をあらゆる言語のうちのひとつとしてとらえることを拒む概念」だと言う。「日本語」は、フランス語やドイツ語といった多くの国の「言語」のうちのひとつと言えるが、「国語」はそうではない。「国語」はすでにたんに言語の同一性を保証する以上の価値を含んだ概念である。「**国語」は「言語の理想像**」なのだ。これが、本文の後半で言っていることである。

さっそく問題を解こう。ただし、早稲田大学の問題だから空欄だらけだ。

問一。こういう問題ありかなぁ。空欄補充に似て、論理の一貫性よりも、たんに本文の復元を求める問いになりやすい。僕はあまり好きではない。でも考えよう。

ポイントは、挿入する文に「『言語』の時代が始まる」とあることだ。つまり、後半の「国語」について論じるより前に入ることになる。さらに、「言語」を「国家」という「想像の共同体」と絡めて論じるアンダーソンが出てくるより前ということにもなる。というわけで、正解はイしかない。

問二。いよいよ空欄だ。aは「『言語』はわたしたちの『話す』という素朴な行為に先立って存在する実体として君臨する」（十七〜十九行目）がヒントになる。同じことを言っているわけだから、ニの「実体」が正解。bは「ところが」（五十行目）以下と反対のことを言っているところだから、ヘの「前提」。もっとも、これは「暗黙の前提」という言い方がすでに熟しているから、日本語に対する感覚があればできる。

cはもう説明してしまった。「言語」も「ネーション」(国家)に負けず劣らずとくれば、トの「想像」しかない。dは〈違いを違いとして認識できるためには、基準が必要だ〉ということを述べているところ。しかし、「基準」は選択肢にはないから、それと似ているイの「尺度」を選ぶ。eは「本質的なもの」(百四十行目)の反意語が入ることがわかる。そこで、ハの「二次」になる。全体としては、易しい部類に属するから、空欄の多さにビックリしないことだ。

問三。Iは「意識して話している」(三行目)とか「意識させられたとたん」(十行目)とかの反対の状態だから、ハの「反省的」だ。IIは「言語ナショナリズム」のことだから、そのままロの「民族精神」である。

問四。いったいどうしたというのだろうか、設問の文章自体がまったく意味不明だ。まず設問の文章を解読しよう。たぶん、「傍線部Aで比喩的に述べられているのはどういうことか。それを、傍線部A以下の本文中から五字以内で抜き出して答えなさい。」とでもいうことなのだろう。傍線部Aで言われているのは、〈国家という政治共同体と「一つの言語」という言語共同体とが合体したとき、「国語」が生まれたのだ〉というようなことである。傍線部A以下を見てゆくと、『『国語』の体制実現のためには、『標準語政策』によってこうした言語変異をできるかぎり消滅させねばならない」(百四十二〜百四十四行目)とあるのに気づく。「標準語政策」が「国語」を生みだしたというのだから、「標準語政策」が正解である。

問五。「ある固定した観念の独断」を漢字二字で言い換えているところを探しなさいという設問である。傍線部Bのすぐ後に「神話」という言葉が出てくるのがヒントとなる。また、『ひとつの日本語』を話していると信じなければ、概念としての『国語』など成立するはずもない」(百二十七〜百二十九行目)というところもヒントになる。そう、「信仰」(百三十八行目)が正解である。

問六。これは、確実に決められるところから決めて、選択肢を絞るしかない。百五十五行目からの〈日本語の同一性は不確実なものだが、しかし〉とつながる文脈から、①は「日本語」、②は「国語」とわかる。そこで、選択肢はハかニに絞られる。だが、意地悪なことに、この二つの選択肢の違いは3と4だけなのだ。そこで3と4を見てみよう。

ポイントは、4のほうである。なぜなら、〈4に対する疑念をうち消すために5が必要だった〉という文脈上、4と5は違う言葉が入り、5が「国語」である以上、4には「国語」は入らないからだ。つまり、4は「日本語」である。というわけで、正解はニだ。

問七。正解はいくつとは書いていないが、「もっとも適当なもの」という言葉を信じれば、一つになる。イはそもそも「必ず」という誤答のサインが入っている。イ・ヨンスクは〈「日本語」という言語の同一性さえなかった時期に、「国語」という民族の同一性を保証する理念を作り上げなければならなかった日本の特殊事情〉を述べているのであって、こういう一般化された事柄を述べているのではない。ロはやはり日本の特殊事情を一般化して述べてしまっている。フランスでは出来あいのフランス語を使えばよかったのである。とくに「必要とするように」なったのは日本の特殊事情である。

ニは「当然であった」のところがまったく間違い。イ・ヨンスクはむしろこれを批判しているのだ。ホは亀井孝の引用文に関わる選択肢だが、亀井はこれを「独断」と言って批判しているのであって、「妥当」などと考えていない。というわけで、正解はハである。イ・ヨンスクは、〈本来なら「日本語」があって、その上に立って「国語」ができるべきところが、もともと「日本語」がなかった日本では、「日本語」の創造と「国語」の創造とが同時並行で行なわれた〉と言っているのである。ここに、「日本語」の同一性がないことを隠蔽するために、「国語」が極端に神聖化されるような、「日本語」と「国語」との奇妙で不幸な関係が生まれる原因があったと言うのだ。

さて、僕たちの想像の共同体、日本という国民国家の同一性を保証する「日本語」と「国語」はこんなにも急拵《きゅうごしら》えの粗末な言語であった。また、「標準語」とはかくも人工的な言葉であった。だが、この設問たちは、その勘所《かんどころ》を問いかけていただろうか。設問自体に、何かメッセージはあっただろうか。これだけの骨のある文章を選びながら、文章自体の難解さにたよった設問のための設問しか作れないのでは、大学受験国語として淋しい。あの早稲田大学だからこそ、あえてそう言っておきたい。

レジス・ドブレというフランスの哲学者が、こんなことを言っている。

印刷術は国民を一つにまとめ、近代国家をつくる力になった。情報革命は国境を越えて市民を結びつけ、逆に国家を弱体化させる。それにデジタル世代は個人主義的です。(中略) 地球が一つの村のようになるというのは幻想にすぎないと思う。現実には、グローバル化は世界の断片化を引き起こしているからです。グローバル化が進めば進むほど、地域主義や小さな民族主義に帰る動きが激しくなっている。(中略) 文化の画一化が進んでいるからこそ、反発する民族主義や宗教的原理主義も広がっている。問題は、どうやって新しい文化の多様性をつくるかということなのだ。

(『朝日新聞』二〇〇〇年四月二十八日)

この本をここまで読んできた人なら、ここで言われていることはよくわかるはずだ。「文化の多様性」という言葉は平凡でしかないが、僕たちがいま大学で学ぶことがあるとすれば、たぶんこういうことでしかないのだ。そして、その準備はもうできている。

赤坂憲雄『**異人論序説**』(ちくま学芸文庫)

赤坂憲雄の出発点ともいえる思考。〈内〉と〈外〉という二項対立の交わる境界から、「異人」がいかに生まれ、いかに排除されるのか。その力学を学んでおくことは、国境という境界によって成り立つ国家について考える基本ともなる。

井上ひさし『**吉里《きり》吉里《きり》人**』(新潮文庫)

東北地方のある村が、日本の中央である東京の抑圧に耐えかねて、突然独立宣言をした。吉里吉里国である。その用意周到な戦略と間抜けな結末とを、抱腹絶倒の筆致で描く井上文学の最高傑作だと、僕は思う。国民国家への反逆をこんなにわかりやすく説いた人はいなかったのではないだろうか。ただし、文庫本で全三冊、千五百ページを越す大長編である上に、読み始めたら止まらない。一週間は棒に振るだろう。さて、君は受験勉強とどちらをとるのか!?

おわりに

最後に少し思い出話をさせてほしい。

もう三十年も前のことになるが、東京の西のはずれにある狛江という小さな町の中学校で、僕は詩人の牟礼慶子に「国語」を教わる幸運に恵まれた。どういうわけか、牟礼慶子は僕の文章を認めてくれ、作文などにいい点をつけ、文集に収録などもした。そのときは彼女が高名な詩人だとはつゆ知らなかったが、僕は将来文章で身を立てる決心をした。大学は文学部しかない、そう思った。医者かエンジニアと勝手に決めていた母には、早稲田の理工学部に行く希望であると嘘をつき、将来は建築家になって未来の都市の設計をするのだと、作文にも書いたことがある。文章にはこういう使い方もあるのだ。

幸い都立の千歳高校に合格し、そこで大上正美という大学院を出たての青年教師に出会った。作家の高橋和巳に入れ込んで漢文を専門にした文学青年だった。僕の血も騒いだ。僕は大学院というところに進学することを決心した。それがその後の僕の人生コースを決定的にしたのだが、文章は、「国語」ではなく、別のやり方で鍛えることになった。交換日記である。どういうことでそうなったのかは覚えていないが、二年生のときに同時に二人のクラスメイト（もちろん女性）と交換日記をすることになったのだ。むこうは一日おきでいいが、僕のほうは毎日である。毎日二、三時間日記を書くのだから、当然のことながら勉強はしない。自慢ではないが、物理で零点をとったこともある。

もちろん浪人である。もう交換日記はやめていたが、友人と頻繁に手紙のやりとりをしていた。その上に、その頃付き合っていた交換日記とは別のクラスメイトと夏に失恋をして、そのことから逃れるために秋から猛烈に小説を読んだ。当時文庫になっていた近代文学の名作はこのときにほとんど読んだのである。そして、そのまま受験を迎えた。結果は、前年同様すべて不合格である。二浪を覚悟したとき、新聞広告で成城大学の二期試験が三月にあることを知った。僕は、はじめて赤本と呼ばれている過去問問題集を買って、出題傾向を分析してヤマを張り、十日間ほど必死に勉強した。英語と社会はほとんどヤマが当たった。「国語」もよくできて、はじめて手応えを感じた。さすがに「受かる」とは思えなかったが、「落ちるはずがない」と感じて、大学の授業のために高い古語辞典を買って帰った。

しかし、発表の日、僕の受験番号はなかった。すぐ帰ろうとしたが、まわりを見ると、掲示板を見て立ちつくしている。「あんなふうにするものなんだ」とか「あんなにできても落ちるんだ」とか呟きながら掲示板を見ていると、夕方の光線の加減で末尾の「七」が「三」に変わったのだ。

「いまのうちだ！」僕は大慌てで受験票を合格書類と取り替えた。

そんなわけで、僕は自分が「大学生」になったことにリアリティを感じられなかったが、もっと戸惑ったのは、好きな本さえ読んでいれば「勉強」していることになった環境にである。それまで机の下でこっそり読んでいた小説が、机の上で堂々と読めるようになったのだ。これは実に不思議な出来事だった。これが自分の望んでいたものだろうか。僕は当惑した。たぶんそのとき、僕は「自由」というものの恐ろしさをはじめて知ったのだと思う。だが、「大学」はそういうところだ。君たちも、「自由」に耐えるために「大学」に行くのではないのか？「大学」に行くのなら、その覚悟だけはしておいてほしい。この本で身につけた「教養」は、そのときぎっと役に立つ。


さて、いよいよ受験生諸君ともお別れだ。「この本ができるまでには、こんな本やこんな方々にお世話になりました」というような謝辞を書いておこう。

問題文を選ぶのには、『作者・作品別現代文問題総覧　8〜10年度大学入試問題』（明治書院）、『全国大学入試問題正解　国語　私立大編　国公立大編』（98年度版と99年度版、旺文社）を用いた。ざっと目を通した問題は千題近くになる。ずいぶん勉強になったし、これらの問題集の解答がなければとてもこの本は書けなかった。ただし、僕自身の責任で、これらの問題集とは別の「正解」を提示したところも少なくない。だからと言って、僕の出した「正解」のすべてに絶対の自信があるわけではない。それが、大学受験国語の現実なのだ。

なお、後者の今年度版を買って見てみたが、出題の傾向は変わっていないと確信した。たとえば、鷲田清一は相変わらず人気で、いまだに『普通をだれも教えてくれない』からの出題があるし、『「聴くこと」の力』（TBSブリタニカ、一九九九年）からも早速出題されている。僕の予測は当たっていたわけだ。僕の提示した全体的な〈知〉の状況もさほど変わっていないから、この僕の本の寿命も十年はあると見ている。

問題文の掲載を許可していただいた著者の方々、問題の掲載を許可していただいた大学や関係機関にはお礼申し上げたい。批判的な言葉も書き込んだが、これらの問題文や問題が大学受験国語の中で良質な部類に属することは、改めて確認しておきたい。

息子との中学受験体験記『秘伝　中学入試国語読解法』（新潮選書）に共感して僕に声をかけて下さったのは、編集部の山野浩一さんである。新書という器の制約があるのでややためらったが、結果として適度な分量に収まってよかったと思う。大学にはこれだけの「教養」を身につけて入って来てほしいと常々思っていたことを提示できたのも幸いだった。文学部志望の受験生諸君であっても、こういう理論的な背景がなければ、現在の文学研究のレベルにはまったく歯が立たないことは知っていてほしい。
文章は、易しく書くようには務めたが、一切手抜きはしていない。この年になって、ようやく易しく書くことができるようになったのである。山野さんは、こうした僕の我が儘なやり方を理解してくださって、自由に書かせてくれた。お礼申し上げたい。

二〇〇〇年六月

石原千秋

ちくま新書
253

教養《きょうよう》としての大学受験国語《だいがくじゅけんこくご》

二〇〇〇年七月二〇日　第一刷発行
二〇二五年九月　五　日　第三四刷発行

著者　石原千秋（いしはら・ちあき）
発行者　増田健史
発行所　株式会社　筑摩書房
東京都台東区蔵前二-五-三　郵便番号一一一-八七五五
電話番号〇三-五六八七-二六〇一（代表）
装幀者　間村俊一
印刷・製本　株式会社　精興社

乱丁・落丁本の場合は、送料小社負担でお取り替えいたします。

ISBN978-4-480-05853-9 C0281

ちくま新書

253 教養としての大学受験国語　石原千秋

日本語なのにお手上げの評論読解問題。その論述の方法を、実例に即し徹底解剖。アテモノを脱却し上級の教養をめざす、受験生と社会人のための思考の遠近法指南。

371 大学受験のための小説講義　石原千秋

「大学入試センター試験」に必ず出る小説問題。これを解くには学校では教えてくれない技術が必要だ！ 国公立二次試験にもバッチリ使える教養としての小説入門。

563 国語教科書の思想　石原千秋

「読解力低下」が問題視される昨今、国語教育の現場では何が行なわれているのか？ 小・中学校の教科書をテクストに、国語教科書が隠し持つイデオロギーを暴く。

600 大学生の論文執筆法　石原千秋

大学での授業の受け方から、大学院レベルでの研究報告や社会に出てからの書き方まで含め、執筆法の秘伝を公開する。近年の学問的潮流も視野に入れた新しい入門書。

110 「考える」ための小論文　西研　森下育彦

論文を書くことは自分の考えを吟味するところから始まる。大学入試小論文を通して、応用のきく文章作法を学び、考える技術を身につけるための哲学的実用書。

134 自分をつくるための読書術　勢古浩爾

自分とは実に理不尽な存在である。だが、そのことに気づいたときから自分をつくる長い道程がはじまる。読書という地味な方法によって自分を鍛えていく実践道場。

329 教育改革の幻想　苅谷剛彦

新学習指導要領がめざす「ゆとり」や「子ども中心主義」は本当に子どもたちのためになるものなのか？ 教育と日本社会のゆくえを見据えて緊急提言する。